시네마를 통한 역사 여행

영화가 말해주는 과거의 이야기

시네마를 통한 역사 여행

영화가 말해주는 과거의 이야기

보아(補阿) 심규훈 지음

상상력집단

여러분은 역사와
영화의 공통점은
뭐라고 생각하시나요?

그 둘의 공통점은 바로 사람의 이야기를 다루고 있다 생각합니다. 역사와 영화에는 많은 사람이 등장합니다. 그 속에는 그들의 승리한 이야기, 좌절한 이야기도 있으며, 유쾌하고 통쾌한 이야기도 있지만, 때로는 슬프기도, 분노를 일으키는 이야기도 있습니다. 역사가 다양한 사람과 사건의 희로애락이 담긴 과거부터 현재까지 진행중인 이야기다보니 역사적 사건이나 인물을 다룬 영화는 끊이지 않고 제작되고 있습니다.

역사 영화는 대개 과거의 기록을 바탕으로 작가와 감독의 상상력으로 완성됩니다. 물론 영화 자체가 하나의 역사에 대한 훌륭한 기록물로 평가받는 작품도 있지만 가끔 우리에게 왜곡된 사실을 전달하기도 합니다.

그래도 우리에게 영화는 역사를 이해하고 공부하는데 가장 쉽고 좋은 매개체입니다. 〈명량〉과 〈남한산성〉같은 영화를 보면 이 전쟁은 단순한 외세의 침략이 아닌 동북아시아 국가들의 정권이 바뀌는 역사의 전환점이 된 전쟁임을 알 수 있습니다.

〈태극기 휘날리며〉와 〈라이언 일병 구하기〉 같은 전쟁을 영화를 보면 내가 마치 그 전쟁터에 있는 듯한 생생함을 느끼며 전쟁의 참혹한 감정을 느끼게 합니다.

이처럼 영화는 마치 그 시대로 타임머신을 타고 간 것처럼 그 시대로 우리를 안내합니다.

이 책에서 소개하는 사건과 인물을 최대한 객관적인 입장에서 서술하려 했습니다. 역사와 영화를 전공하지 않았지만, 어린 시절부터 많은 관심을 가졌던 영화와 역사에 대한 애정으로 쓴 글입니다. 부족함이 있더라도 너그러운 이해를 부탁드리며, 이 책을 읽는 분들이 책에 소개된 영화를 감상하며 역사적 사건과 인물에 대한 이해와 재미를 느끼시길 바랍니다.

끝으로 제가 역사를 좋아하게 되고, 이 책을 쓰게 된 계기로 볼 수 있는 세종대왕의 말씀을 옮겨놓아 봅니다. '무릇 잘된 정치를 하려면 반드시 전대의 다스려짐과 어지러워짐의 자취를 보아야 할 것이요. 그 자취를 보려면 오직 역사의 기록을 헤아려야 한다.'

감사합니다.

보아(補阿) 심규훈 드림

목차

서문 _ 히스토리가 스토리가 되는 순간 • 4

〈트로이〉 트로이 전쟁
신화 인가, 실제 전쟁인가? • 11

〈300〉 테르모필레 전투
두 세계의 충돌 • 17

〈알렉산더〉 알렉산더 대왕
위대한 정복왕이자 헬레니즘의 산파 • 23

〈클레오파트라〉 클레오파트라
그녀는 요부인가 뛰어난 정치가인가? • 30

〈스파르타쿠스〉 스파르타쿠스의 난
그는 황제처럼 싸우다 죽었다 • 38

〈적벽대전〉 삼국지
적벽대전 • 44

〈킹덤 오브 헤븐〉 하틴 전투와 살라딘
Nothing...... Everything! • 67

〈브레이브 하트〉 윌리엄 윌리스와 스코틀랜드의 독립운동
목이 터져라 외쳐본다 Freedom !!! • 75

〈더 킹 : 헨리 5세〉 아쟁쿠르 전투
젊고 야심찬 왕, 그리고 단명한 왕 • 85

〈아포칼립토〉 인신 공양 그리고 콩키스타도르
문명은 언제 붕괴되는가? • 93

〈천일의 앤〉 앤 불린
**왕자를 너무 얻고 싶었던
호색한 왕의 불쌍한 두 번째 왕비 • 100**

〈엘리자베스〉 엘리자베스 1세
짐은 국가와 결혼했다 • 106

〈카게무샤〉 그림자 무사
나는 누구인가 • 114

〈명량〉 임진왜란
**"후손 아그들이
우리가 이러고 개고생한 걸 알까?" • 120**

〈남한산성〉 병자호란
**역사의 교훈을 얻지 못해
남한산성에 갇힌 조선의 운명 • 129**

〈레 미제라블〉 프랑스 혁명
무기를 들어라, 시민들이여 • 138

〈타이타닉〉 타이타닉 역사가 된 영화
I'm the king of the world!1 • 48

〈1917〉 세계 제 1차 세계대전
한 시대의 끝과 시작 • 157

〈판의 미로〉 스페인 내전
20세기 정치 사회적 이념의 대격전 • 165

〈라이언 일병 구하기〉 노르망디 상륙작전
전쟁의 잔혹함, 그리고 허무함 • 172

〈암살〉 일제 강점기, 독립투사와 친일파
"알려줘야지. 우리는 계속 싸우고 있다고."
"몰랐으니까. 해방될지 몰랐으니까! 알면 그랬겠나!" • 179

〈쉰들러 리스트〉 홀로코스트
한 생명을 구함은 전 세계를 구함이다 • 188

〈언터처블〉 알 카포네, 금주법 그리고 마피아
내가 술을 팔면 밀주,
은쟁반에 내놓으면 접대라 부른다 • 194

〈태극기 휘날리며〉 한국전쟁
아직 끝나지 않은 전쟁 • 200

〈패왕별희〉 중국 문화대혁명
**소수의 소수에 의한
소수를 위한 인민의 고통 • 207**

〈아메리칸 메이드〉 마약 카르텔, 그리고 파블로 에스코바르
마약은 자살행위입니다 • 220

〈뮌헨〉 뮌헨 올림픽 참사
피로 물든 올림픽 • 227

〈플래툰〉 베트남 전쟁
무엇을 위한 전쟁인가 • 233

〈라스트 킹〉 이디 아민
아프리카의 검은 히틀러 • 240

참고자료 • 248

트로이 ^{Troy 2004} _ 트로이 전쟁

신화 인가, 실제 전쟁인가?

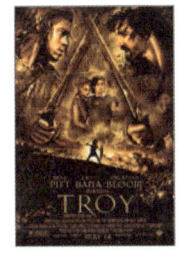

　〈트로이〉는 호메로스의 서사시 〈일리아스〉를 원작으로 한 영화입니다. 〈일리아스〉는 현존 그리스 문학 중 가장 오래된 서사시입니다. 그리스의 전설적인 트로이 전쟁^{Trojan War}을 배경으로 51일간의 사건을 노래한 것으로 그리스의 영웅인 아킬레우스^{Achilles}가 중심이 되어 원한과 복수에서 파생되는 인간의 비극을 다룬 작품입니다.

　영화 〈트로이〉는 그리스·로마 신화를 다룬 작품 중에서 제작 규모, 출연진 등 대작으로 꼽힙니다. 브래드 피트^{Brad Pitt}, 올랜드 블룸^{Orlando Bloom} 등 당대 최고의 인기배우는 물론 피터 오툴^{Peter O'Toole}, 브라이언 콕스^{Brian Cox} 등 연기파 배우들도 많이 출연했습니다.

신화로만 여겨졌던 트로이 전쟁은 1871년 독일의 고고학자인 "하인리히 슐리만Heinrich Schliemann"이 트로이 유적을 발굴하며 실제 있었던 전쟁으로 밝혀졌습니다.

제이콥 조던〈불화의 황금 사과〉

신화 속 전쟁의 발단은 트로이의 왕자 파리스Paris가 스파르타의 왕비 헬레네Hélène를 트로이로 데려간 것에 그리스인들이 분노해서 벌어졌다고 합니다. 하지만 그 과정에서 그리스와 페르시아Persia의 기록은 조금씩 다릅니다.

먼저 그리스의 기록에서는 올림포스Olympus에서 인간의 아들 펠레우스Peleus와 티탄Titans 족의 딸 테티스Thetis의 결혼식이 열렸습니다. 그러나 불화와 다툼을 관장하는 불화의 여신 에리스Eris는 결혼식의 입장을 거절당했고 이에 격분한 에리스는 '가장 아름다운 여신에게'라고 적힌 황금사과를 신들의 자리에 선물로 보냈습니다.

헤라Hera, 아프로디테Aphrodite, 아테나Athena는 서로 황금사과를 가지려 다투었고 제우스Zeus는 이 사과가 누구에게 적합한지 트로이의 왕자 파리스Paris에게 맡겼습니다. 파리스에게 헤라는 세계를 지배할 힘을, 아테나는 어떠한 전쟁도 이길 힘을, 아프로디테는 가장 아름다운 여자를 주겠다고 약속했습니다.

파리스는 아프로디테를 선택하였고 아프로디테는 세상에서 가장 아름다운 여인을 파리스에게 줬는데 그녀가 바로 스타르타의 왕 메넬라오스Menelaus의 부인이었던 헬레네Helen of Troy였습니다. 파리스의 여동생인 트로이 공주 카산드라Cassandra는 이 사건이 트로이를 망하게 할 것이라 예언했습니다.

메넬라오스는 형 아가멤논Agamemnon과 함께 헬레네의 반환과 트로이를 징벌하기 위한 그리스 연합군이 트로이로 쳐들어갔다는 것입니다.

그러나 헤로도토스Herodotus가 남긴 페르시아의 기록에 따르면 그리스 신화에서 지중해를 건너간 여인들은 사실 납치혼의 피해자들이고 신화 속 파리스가 헬레나를 데려간 것도 그 납치혼의 복수였다는 것입니다. 이오[10]가 처음

헬레네의 납치

이집트로 납치된 후, 에우로페Europa가 그리스인들에게 반대로 납치되고 이에 일리온(트로이)의 왕자 알렉산드로스(파리스)가 보복의 목적으로 라케다이몬(스파르타)에서 헬레네를 납치했고 이것 때문에 전쟁으로 확산하였다는 것입니다.

프리아모스 왕^{Priamos, priam}의 장남인 명장 헥토르^{Hector}와 아이네이아스^{Aeneas}가 버티고 있는 트로이도 만만치 않게 그리스에 저항했습니다. 트로이는 단단한 성벽으로 보호되어 있었고, 사방에 탑이 있어 접근하는 적의 움직임을 한눈에 바라볼 수 있었습니다. 트로이는 그리스군의 공성 작전을 막아내며 무려 10년 동안 전쟁은 지속되었습니다.

헥토르의 시체를 끌고 가는 아킬레우스

전쟁 중 그리스의 지휘관 아킬레우스와 트로이의 지휘관 헥토르가 싸웠는데 둘의 대결에서 헥토르가 죽게 됩니다. 지휘관이 쓰러졌지만, 트로이는 쉽게 무너지지 않았습니다. 이렇게 긴 시간이 지나도 전쟁의 결말이 나지 않자, 그리스 군은 오디세우스의 제안으로 거대한 목마를 만들어 트로이 성 앞에 놓고 군대를 철수시켰습니다.

그러나 그 목마 안에는 오디세우스 자신을 포함한 엄선된 병력이 숨어 있었습니다. 그리스인들은 항해를 떠나는 척했고, 트로이인들은 승리의 전리품으로 목마를 자신들의 도시로 끌어들였습니다. 트로이 사람들이 승리의 잔치에 취한 그날 밤 오디세우스와 그리스 특공대는 성문을 열고 대기하고 있던 그리스 군대를 들여보냈습니다.

그리스군은 트로이는 도시를 불 태웠고 트로이의 왕을 죽였으며, 트로이인들을 학살했습니다. 그렇 게 트로이는 함락되며 10년의 전 쟁은 막을 내리게 되었습니다.

불타는 트로이

트로이 인들은 왜 목마를 제대로 뜯어보거나 해체하지 않았을까 이해가 되지 않지만 트로이 인들은 여러 정황상 그리스가 항해를 떠 나는 모습에 방심하고 실수했다 생각합니다.

트로이 전쟁에서 유래된 '트로이의 목마'는 외부에서 들어온 요인 으로 내부가 무너지는 것을 가리키는 용어가 되었습니다. 그리고 오 늘날 트로이 목마는 컴퓨터 악성 코드^{malware}의 대명사로 유명합니다. 트로이 전쟁의 트로이 목마처럼 이 악성 코드는 유용한 프로그램인 것처럼 위장하여 설치를 유도한 뒤 비밀번호 등을 빼내 가기도 하고 컴퓨터의 성능을 저하하기도 합니다.

트로이 전쟁은 많은 의문점과, 해석에 대한 다양한 의견이 있는 전 쟁이기도 합니다. 실제 일부 역사학자들은 단순한 신화나 전설에 불 과하다는 의견도 있고 소규모의 전쟁이 극적인 대형 전쟁의 서사시 로 각색되었다는 의견도 있습니다. 그리고 트로이 전쟁이 지중해 무 역의 주도권을 놓고 경쟁한 그리스와 트로이 간의 경제적인 이해관계 때문에 생긴 분쟁으로 해석한 학자 등 다양한 의견이 존재합니다.

 하지만 확실한 것은 트로이 전쟁에 얽힌 흥미로운 이야기와 영웅들의 이야기는 역사와 신화가 어우러지는 그리스 문학에 큰 영향을 미쳤다는 것입니다.

300²⁰⁰⁷ _ 테르로필레 전투
두 세계의 충돌

　　300은 프랭크 밀러^{Frank Miller}의 그래픽 노블^{graphic novel}을 원작으로 한 영화입니다. 물론 그래픽 노블 300과 영화 300은 테르모필레 전투^{Battle of Thermopylae}를 배경으로 했습니다.

　이 영화는 미국은 물론 국내에서도 개봉 당시 큰 흥행을 했는데, '스파르타~', '나는 관대하다.' 등의 영화 대사가 유행하기도 했었습니다.

　남성미를 강조하고 처음부터 끝까지 쉴 틈 없이 액션 장면을 보여주는 이 영화는 테르로필레 전투의 역사적 의의를 다루는 것보다 액션에만 충실한 전형적인 오락 영화입니다. 아무래도 그러다 보니 고증에서 많은 문제점이 있었고, 특히 오리엔탈리즘^{orientalism}에 대한 거부감이 들 수밖에 없는 내용으로 비난을 많이 받기도 했습니다.

이 영화의 배경이 되는 테르모필레 전투는 그리스 연합군과 페르시아Persia 사이에 벌어졌던 페르시아 전쟁 중 페르시아 2차 원정Second Persian invasion of Greece의 대표적인 전투 중 하나입니다. 스파르타Sparta가 이끄는 그리스 도시국가 연합군과 크세르크세스 1세의 페르시아 제국이 테르모필레에서 사흘간 벌였던 전투입니다.

그리스-페르시아 전쟁, 페르시아의 제2차 원정

세 번째 그리스 침공을 준비하던 페르시아의 다리우스 1세Darius the Great가 사망하자 그의 아들 크세르크세스 1세Xerxes I가 왕위에 오르게 됩니다. 기원전 481년 드디어 30만 페르시아 대군이 그리스

레오디나스 왕

를 향해 육지와 바다에서 진격하기 시작했습니다. 이 소식은 들은 그리스는 코린토스에 모여 동맹을 맺었습니다. 아테네의 장군 테미스토클레스Themistocles는 그리스 연합군이 테르모필레 고개에서 페르시아 육군을 막고, 아르테미시온Artemisium 해협에서는 페르시아의 해군을 막자고 제안했습니다.

테르모필레가 선택된 이유는 마케도니아Macedonia 해안에 있는 골짜기로 그리스로 가려면 꼭 통과해야만 하는 지역이며 폭이 좁아 많은 군사가 동시에 진격하는 것을 막을 수 있고, 그리스 주

현재의 테르모필레

력군인 중장보병들의 팔랑크스Phalanx 대형의 능력을 극대화할 수 있는 장소였기 때문이었습니다.

스파르타의 왕 레오니다스를 지휘관으로 하는 칠천여 명의 그리스 연합군은 테르모필레에 집결했습니다. 테르모필레에 페르시아군이 도착한 지 5일 만에 크세르크세스의 공격 명령이 떨어졌습니다. 영화에서 처럼 화살비가 내렸지만, 그리스인의 청동으로 만든 방패와 투구는 이를 모두 막아냈습니다. 그러자 크세르크세스는 일만 명의 메디아Mādai군과 키시아Cissi군을 출전시켰습니다.

테르모필레 전투 상상도

그러나 대규모 병력이 한 번에 이동할 수 없는 지형의 이점을 활용하고 제대로 훈련받은 그리스 정예군에게 거의 전멸 당했으며, 그리스 군의 피해는 거의 없었다고 합니다. 결국 페르시아의 최강 돌격부

대인 이모탈Immortals을 투입했지만, 이 역시 큰 효과를 보지 못하고 패주합니다.

둘째 날 역시 그리스군의 페르시아군 학살은 계속되었습니다. 몇 배의 병력으로 무난한 승리를 예견했던 크세르크세스는 당황할 수밖에 없었습니다. 그러나 그날 저녁 막대한 보상을 기대한 에피알테스Epialtes는 크세르크세스를 찾아가 테르모필레로 향하는 샛길을 알려줍니다. (영화 300에서는 곱사등이로 등장하여 원래 레오니다스 왕에게 전투에 참여하겠다고 했지만, 이를 거부당해 크세르크세스를 찾아간 것으로 나옵니다.)

테르모필레 그리스 군의 전멸

운명의 전투 셋째 날 크세르크세스는 정예군 이모탈이 포함된 2만여 명의 병사를 샛길을 통해 테르모필레를 우회합니다. 우회로에 페르시아군이 도착하여 자신이 포위된 것을 알게 된 레오니다스는 연합군에게 원하면 후퇴하라고 한 뒤 300여 명의 스파르타 군은 끝까지 남아 싸우겠다 했습니다. 그리고 700여 명의 테스피아Thespiae인과 400여 명의 테베Thebes인들도 함께 남아 싸우기로 했습니다.

테르모필레 전투에서 페르시아군에 포위된 그리스군

질 것이 예상되는 싸움이었지만, 레오니다스는 그리스인들이 안전하게 후퇴할 시간을 벌기 위해 죽음을 각오하고 싸웠을 것입니다. 사방의 페르시아군이 그리스군을 포위했지만 창이 부러지고 칼이 부러질 때까지 싸웠습니다.

크세르크세스의 명령으로 하늘을 덮을 정도로 무수히 많은 화살이 쏟아졌고, 레오니다스를 포함한 그리스군이 모두 쓰러졌습니다.

그 후 레오니다스의 시체를 발견한 페르시아군은 그의 머리를 자르고 십자가형에 처했습니다. 적군에게 이런 처우는 상당히 이례적이었는데, 그만큼 크세르크세스가 레오니다스에게 분노했다는 것을 느낄 수 있습니다.

테르모필레가 페르시아군에게 점령당하자 아르테미시움[Artemisium]에 주둔하던 그리스 해군도 철수했습니다. 페르시아군은 저항하는 도시는 파괴하며 진군을 계속했습니다. 결국 그리스인들은 코린토스 해협에서 페르시아군을 저지하기 위한 군사를 소집합니다. 하지만 페르시아군이 해군을 통해 펠로폰네소스 반도에 상륙한다면 의미가 없었기에 그리스 해군이 이들을 저지해야만 했습니다.

아테네의 테미스토클레스는 저지가 아닌 페르시아 해군을 격파하길 바랐고, 그는 살라미스 해협으로 페르시아의 함대를 유인한 뒤 그곳에서 수적 열세임에도 불구하고 대승을 거두게 됩니다.

결국 크세르크세스는 원정을 중단하고 마르도니우스^{Mardonius}와 그의 병사들을 남기고 페르시아로 귀환을 결정하게 됩니다. 남은 마르도니우스는 아테네로 다시 진격하여 점령합니다. 결국 두 진영은 플라타이아^{Plataeae}라는 곳에서 마주치고 이 전투에서 그리스군은 페르시아군을 격퇴하고 페르시아 전쟁을 마무리하게 됩니다.

영화 300에는 상당히 과장된 내용이 많았습니다. 우선 스파르타인들이 갑옷도 없이 단지 투구와 방패를 들고 싸웠다는 자체가 현실적이지 않습니다. 그리고 페르시아를 오합지졸에 악마처럼 묘사했으며, 그리스인들의 전투와 죽음은 영광스러운 선택이었다고 표현합니다.

하지만 이 영화는 오락을 위해 만들어진 영화이기 때문에 이런 비판을 하는 것이 맞지 않다는 사람들도 있습니다. 그래도 찬란한 문명을 지녔던 페르시아를 야만인을 넘어 괴물같이 묘사한 이 영화를 보면서 여러 면으로 불편하기는 했습니다.

알렉산더 Alexander 2004 _ 알렉산더 대왕
위대한 정복왕이자 헬레니즘의 산파

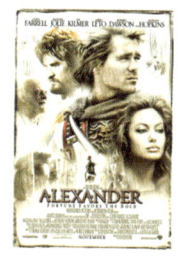
〈플래툰〉, 〈JFK〉 등의 올리버 스톤 Oliver Stone 감독이 감독한 영화 〈알렉산더〉는 알렉산더 대왕의 유년 시절부터 군주가 되기까지의 과정, 그리고 동서양을 아우르는 거대한 제국을 건설하고 어떻게 전설적인 인물이 되었는지 보여주는 영화입니다. 영화 자체는 고증과 일부 전투 장면에서는 높은 평가를 받았지만, 연출, 배우들의 연기 등 전체적인 영화 완성도 측면에서 평론가, 관객 모두에게 부정적 평가를 받았습니다. 그래서인지 흥행에서 참패를 면치 못했습니다. 저도 이 영화를 보며 몇 가지 문제점을 느꼈는데, 가장 큰 문제점은 바로 영화가 지루해도 너무 지루하다는 것입니다.

위대한 정복왕의 위대한 스승

알렉산더 대왕 Alexander the Great 은 고대 그리스 북부의 마케도니아 Macedonia 왕국 출신으로, 알렉산드로스 대왕, 알렉산드로 3세라고 불리기도 하지만 흔히 영어식 알렉산더로 불립니다. 그의 생애는 그리스 역사를 넘어 인류역사상 가장 위대한 정복자, 가장 뛰어난 지휘관으로 평가받고 있습니다. 특히 칭기즈 칸 Genghis Khan 등 다른 정복자들과 차별점이 있다면 군사적 업적 외에도 문화사에 미친 영향 또한 지대하다는 것입니다.

알렉산더 대왕

알렉산더는 356년에 마케도니아 왕국의 왕 필리포스 2세 Philip II of Macedon 와 왕비 올림피아스 Olympias 의 아들로 태어났습니다. 그는 시절부터 다방면의 교육을 받았는데, 그의 스승 중 한 명은 바로 서구 철학에 위대한 발자취를 남긴 철학자 아리스토텔레스 Aristotle 였습니다.

아리스토텔레스는 알렉산더가 15세 때부터(어떤 자료에서는 13세부터 교육을 받았다고 하는데, 알렉산더가 아리스토텔레스의 가르침을 받은 것은 확실합니다.) 약 3년간 윤리학, 철학, 문학, 정치학 등 다양한 학문을 가르쳤는데 그의 가르침은 알렉산더에게 많은 영향을 미쳤습니다. 알렉산더는 왕이 된 이후 원정을 다닐 때마다 동식물학자를 데리고 다니며, 각지의 동식물 표본을 스승인 아리스토텔레스에게 보냈다고 전해집니다.

강력한 젊은 왕의 등장

착실하게 후계자 수업을 받던 알렉산더는 부왕 필리포스 2세가 암살당하자 20세에 마케도니아의 왕이 되었습니다. 정복의 첫걸음은 그리스 지방 정복이었습니다. 테베^{Thebes}가 알렉산더의 즉위 소식을 듣고 반란을 일으켰으나 곧바로 반란을 진압하고 테베의 시민을 노예로 만들어 테베를 멸망 시켜버렸습니다.

필리포스 2세의 암살

그는 바로 페르시아^{Persia} 원정을 준비했습니다. 마케도니아와 그리스 동맹군으로 구성된 페르시아 원정대는 기병, 보병, 창기병, 투창병 등 다양한 부대를 유기적으로 결합한 전술을 구사했습니다. 차근차근 페르시아 지역을 점령하며 페르시아가 지배하던 그리스의 여러 도시가 해방됐습니다. 그리고 페르시아 제국에 비해 병력에서도 열세, 보급의 난항 등의 어려움에도 그는 이수스 전투$^{Battle\ of\ Issus}$에서 페르시아 대군을 섬멸했고, 페르시아의 황제 다리우스 3세$^{Darius\ III}$는 간신히 탈출할 수 있었습니다. 알렉산더는 페니키아^{Phoenicia} 해안의 함대 기

25

지를 섬멸했고 페르시아의 통치에 반발하던 이집트까지 어렵지 않게 점령한 그는 이집트Egypt에 지중해 동부와 서부를 연결하는 상업, 행정 중심지 역할을 할 도시를 건설하기 시작했습니다. 그 도시는 바로 알렉산드리아Alexandria입니다.

고르디우스의 매듭을 자르는 알렉산더

다시 페르시아 원정을 위해 이집트를 떠난 알렉산더는 가우가멜라Gaugamela에서 자신의 숙적인 다리우스 3세와 결전을 벌여 승리했습니다. 그 후 다리우스는 그의 신하인 베소스Bessus에게 암살당하면서 알렉산더는 결국 페르시아 제국까지 정복하게 됩니다.

'세계의 끝'을 보겠다는 알렉산더의 진군은 멈추지 않았습니다. 계속해서 바빌론Babylon, 페르세폴리스Persepolis 등 여러 도시를 장악했고, 동쪽으로 이동하여 이란 고원을 정복하며 그의 영토는 인도India의 인더스강Indus River 유역에 이르렀습니다. 하지만 병사들 사이에 열병과 계속되는 장마는 군사들의 반발로 이어졌습니다. 결국 알렉산더는 군대를 돌릴 수 밖에 없었습니다.

정복왕의 갑작스러운 죽음

다시 바빌론으로 돌아와 원정을 계획하던 알렉산더는 BC 323년 33세의 젊은 나이로 갑자기 사망했습니다. 그의 갑작스러운 사망 원인은 아마도 전투에서의 각종 부상, 과로와 국정운영의 스트레스, 그리고 열병이 원인이 되었을 것입니다.

알렉산더의 바빌론 입성

짧은 인생을 살았지만, 알렉산더는 다방면으로 후세에 큰 영향을 미쳤습니다. 먼저 군사 전략 측면에서 고전 그리스의 전술을 넘어서 말과 기병, 해군 등 다양한 군사력을 적재적소에 활용한 전술을 펼치며 연전연승을 거뒀습니다. 전술적 역량 뿐만 아니라 개인의 전투력 또한 뛰어났는데 그는 전투 때마다 항상 황금 갑옷을 입고 선두에서 적들과 싸웠습니다. 이 당시 왕 또는 지휘관의 죽음은 허무한 패배로 이어질 수 있다는 것을 생각하면 이것은 엄청난 도박이나 다름없었습니다. 그런데 그가 전투에서 살아남고 병으로 사망했다는 것을 알면 알렉산더가 얼마나 엄청난 무력과 생존력을 가진 지 가늠할 수 있을 것입니다. 그런 그의 영웅적인 면모는 나폴레옹^{Napoléon}, 카이사르

Gaius Julius Caesar 등 많은 군주와 장군들의 롤모델이 되기도 했습니다.

헬레니즘 문명의 탄생

알렉산더는 정복활동을 통해 그리스 문화와 동양 문화가 융합되는 문화적 교류로 헬레니즘 문명Hellenistic period를 만들어냈습니다. 그는 정복하는 도시에 도서관을 세웠으며, 원정을 떠날 때는 항상 많은 학자들과 예술가들이 그와 동행하는 등 학술과 문화에 친화적이었습니다. 특히 그는 정복지의 다양한 관습과 제도를 인정하고 융화하는 정책을 펼쳤기 때문에 자연스럽게 그리스 문화와 각 지역의 문화와 융합된 헬레니즘이라는 새로운 문화가 탄생할 수 있었습니다.

어떻게 알렉산더는 문무를 겸비한 위대한 정복자가 될 수 있었을까요? 아리스토텔레스 등의 위대한 스승의 영향도 있었지만, 저는 그의 아버지 필리포스 2세의 영향이 가장 컸다고 생각합니다.

영화 알렉산더에서는 아내와 아들을 학대하는 폭력적인 모습과 아들을 아끼면서도 경쟁자로 의식하는 모습을 보이는 전쟁광 같은 이미지였습니다. 하지만 그는 약소국이었던 마케도니

필리포스 2세

아를 군사 개혁과 정복 전쟁을 통해 부강하게 만들어 아들인 알렉산더가 알렉산드로 제국 (헬레니즘 제국)을 만들 기틀을 다져준 뛰어난

능력을 갖춘 명군으로 후대에 평가받고 있습니다.

알렉산더는 아버지에게 경쟁심을 강하게 느꼈다고 합니다. 필리포스 2세는 오히려 아들의 이런 모습을 기특하게 여겼습니다. 물론 왕의 계승을 두고 부자간의 갈등은 있었지만, 알렉산더를 이렇게 위대한 군주로 만든 것은 필리포스 2세의 영향이 없었다고는 말할 수 없을 것입니다.

클레오파트라 Cleopatra 1963 _ 클레오파트라
그녀는 요부인가 뛰어난 정치가인가?

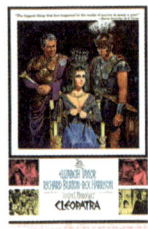
　카이사르, 안토니우스 등의 영웅을 현혹하며 치명적 아름다움을 가진 여인으로 알려진 클레오파트라 알려진 그녀의 정확한 이름은 클레오파트라 7세 필로파토르 Cleopatra VII Philopator 입니다. 그리고 그녀의 극적인 삶은 영화, 드라마, 뮤지컬 등 다양한 창작물로 제작이 되었는데, 그중 가장 유명한 작품은 1963년도에 제작된 영화 클레오파트라입니다.

　클레오파트라에 대한 글을 쓰기 위해 이 영화를 꼭 봐야 했는데, 제작된지 60여 년 가까이 된 이 영화를 어디서 봐야 하나 걱정했습니다. 그런데 의외로 OTT에 고화질로 복원된 영상이 서비스 중이라 어렵지 않게 볼 수 있었습니다. 상영시간이 길긴 하지만 영화에 관심 있는 분들은 꼭 보시길 바랍니다.

영화보다 더 유명했던 배우들의 스캔들

이 영화는 제작 당시 영화 내용보다 외적인 요소로 더 화제가 되었습니다. 바로 클레오파트라 역의 엘리자베스 테일러^{Elizabeth Taylor}와 안토니우스^{Marcus Antonius} 역의 리처드 버튼^{Richard Burton}의 애정행각 때문이었습니다. 두 번의 결혼과 파국을 경험한 두 사람의 첫 만남이 바로 이 영화에서 이루어졌습니다. 당시 리처드 버튼은 시빌 윌리엄스와 15년째 결혼 생활을 유지하는 중이었고, 엘리자베스 테일러는 결혼과 이혼을 밥 먹듯이 하는 난잡한 이미지였습니다.

영화 촬영 중 둘은 실제 클레오파트라와 안토니우스처럼 격정적인 감정의 소용돌이에 빠지게 됩니다. 이후 둘은 몇 편의 영화에 함께 출연하고 본격적으로 불륜에 빠지게 됩니다. 결국 두 사람은 서로의 가정을 포기하고 엘리자베스 테일러는 다섯 번째, 그리고 리처드 버튼은 두 번째 결혼하게 됩니다.

영화 클레오파트라는 개봉 당시 그해 세계 최고 흥행 수익을 거두기는 했지만, 감독과 배우의 교체, 촬영지 변경, 촬영 세트의 건설 반복 등의 이유로 당시 기준 최고로 높은 제작비 때문에 오히려 적자를 기록했다고 합니다. 물론 두 주연 배우의 스캔들 역시 악재로 작용했습니다.

영화 중간 막간이 등장할 정도로 4시간이 훌쩍 넘기는 긴 상영 시간의 영화이지만, 내용은 우리가 알고 있는 역사에 충실하며 간단히 요약이 가능합니다. 로마^{Rome}의 세력권에 있는 이집트^{Egypt}는 클레오파트라와 그녀의 무능한 동생이 통치하고 있었습니다. 전쟁에서 연전연승하며 승승장구하던 카이사르^{Gaius Julius Caesar}는 이집트의 내전을 해결하기 위해 이

클레오파트라 석상

집트에 왔다 클레오파트라를 보고 한 눈에 반합니다. 결국 카이사르는 내전을 진압하고 클레오파트라를 여왕의 자리에 앉힙니다.

카이사르의 힘을 통해 이집트의 안전은 물론 전 세계를 지배하려는 야심을 품은 클레오파트라는 카이사르와 결혼하고 아들까지 낳습니다. 그녀는 카이사르를 로마 황제의 자리에 앉히려 했지만, 카이사르는 암살당하게 되고 이집트는 다시 풍전등화와 같은 상황에 놓이게 됩니다. 클레오파트라는 이제 카이사르 뒤를 이어 로마의 새로운 지도자가 된 안토니우스를 유혹합니다. 결국 안토니우스는 클레오파트라와 사랑에 빠지고 아내인 옥타비아를 버리게 됩니다.

그 일에 분노한 옥타비아^{Octavia the Younger}의 동생이자 카이사르의 후계자인 옥타비아누스^{Octavius}는 두 사람에게 반감을 품게 되고 안토니우스와 옥타비아누스 간에 큰 전쟁이 벌어지게 됩니다. 그 전쟁이 바로

악티움 해전$^{Battle\ of\ Actium}$이고 클레오파트라와 안토니우스의 연합군이 옥타비아누스에게 대패하고, 둘은 자살한다는 내용입니다.

프랑스의 수학자이며 철학자인 파스칼$^{Blaise\ Pascal}$은 '클레오파트라의 코가 1cm만 낮았더라도 세계 역사가 달라졌을 것' 이라는 말을 했습니다. 파스칼의 저 말은 클레오파트라를 아름다움으로 남자를 홀리는 치명적인 팜므파탈$^{femme\ fatale}$ 이미지로 굳혀지게 만들었습니다. 그녀는 과연 남성을 파멸의 길로 이끄는 요부였을까요?

클레오파트라 7세는 고대 이집트 프톨레마이오스 왕국$^{Ptolemaic\ dynasty}$의 여왕이자 마지막 파라오^{Pharaoh}였습니다. 이집트는 클레오파트라 7세 (이후 클레오파트라)의 죽음 이후 로마제국의 완벽한 속주가 되고 맙니다.

클레오파트라는 무능했던 아버지 프톨레마이오스 12세$^{Ptolemy\ XII}$가 사망하자 이집트의 전통대로 남동생인 프톨레마이오스 13세와 근친결혼을 하며 이집트의 새로운 통치자가 되었습니다. 로마에 바치는 무리한 공납은 국민에게 세금 부담을 가중하는 등 국민의 불만이 폭발하여 각지에서 반란이 일어나는 등 이집트의 상황은 최악이었습니다. 이런 상황에서 클레오파트라는 어린 남동생인 프톨레마이오스 13세$^{Ptolemy\ XIII}$를 배제하고 전권을 차지하려 했으나 오히려 권력 투쟁에서 패배하고 쫓겨나게 됩니다.

카이사르와 만나는 클레오파트라

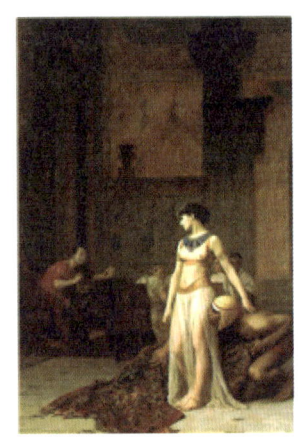

권력의 중심에서 물러난 그녀에게 다시 권력을 잡게 해 준 존재는 바로 율리우스 카이사르였습니다. 카이사르의 전폭적 지지를 얻은 그녀는 알렉산드리아 전쟁Battle of Alexandria의 승리로 다시 권력을 잡게 되었습니다. 카이사르와의 사이에서는 후에 프톨레마이오스 15세Ptolemy XV가 되는 카이사리온Caesarion 이라는 아들을 낳기도 했습니다.

율리우스 카이사르와의 만남

하지만 카이사르가 암살당하게 되고, 카이사르가 유언장에 후계자를 자기 아들인 카이사리온이 아닌 옥타비아누스로 한 점에 실망하게 됩니다. 그리고 이번에는 2차 삼두정치의 일인자이었던 마르쿠스 안토니우스와 사랑에 빠지게 되었고, 둘은 쌍둥이 남매를 낳았습니다. 하지만 안토니우스는 클레오파트라와 결혼하기 위해 같은 삼두정치의 일원인 옥타비아누스의 누나였던 옥타비아를 버리게 됩니다. 하지만 옥타비아는 당시 인간성, 고귀함, 로마 여인의 미덕을 갖춘 인물로 로마인들에게 존경과 흠모를 받던 존재였습니다.

클레오파트라의 최후

로마의 사람들은 옥타비아를 버린 안토니우스와 그를 홀린 클레오파트라에게 반감을 갖게 되었습니다. 옥타비아누스와 안토니우스의 관계는 돌이킬 수 없게 되었고, 옥타비아누스는 이집트 침공을 선택합니다.

클레오파트라와 만나는 안토니우스

그리고 안토니우스와 클레오파트라의 연합군은 악티움 해전에서 옥타비아누스에게 맞섰으나 비참하게 대패하게 됩니다. 클레오파트라는 알렉산드리아까지 진격해 온 옥타비아누스 군의 소식을 듣고 좌절합니다. 그리고 옥타비아누스 승리의 전리품이 되어 로마 개선 행렬에 조리돌림당하는 치욕을 당하느니 그녀는 독사가 든 바구니에 손을 넣어 자살을 선택하고 맙니다. 프톨레마이오스 왕조의 수도이자 헬레니즘 세계의 중심지였던 알렉산드리아는 그렇게 로마에 점령되었고, 프톨레마이오스 왕조도 막을 내리게 됩니다.

군사 대부분이 옥타비아누스 측으로 전향하였고, 클레오파트라가 죽었다는 소식을 들은 안토니우스 또한 좌절하며 자신의 배를 찔러 자살을 선택합니다.

클레오파트라가 후대 요부라고 불렸던 가장 큰 이유는 승자였던 옥타비아누스(로마 최초의 황제인 아우구스투스 황제^{Imperator Caesar divi filius Augustus})가 로마를 멸망시키려 한 요부이자 불순한 여인으로 포장한 것이 가장 큰 이유일 것입니다.

독약을 먹는 클레오파트라

하지만 클레오파트라에 대해서는 새로운 시각으로 평가해야 합니다.

기존 프톨레마이오스 왕조의 파라오들은 그리스어만 사용했지만, 클레오파트라는 그리스어, 이집트어는 물론 여러 외국어를 능숙하게 구사했다고 합니다. 어린 시절부터 언어, 정치, 문학, 외교에 대한 교육을 받은 그녀는 나라를 유지하기 위한 기본적인 군사력조차 없는 최악의 상황에 빠진 프톨레마이오스 왕조를 유지하기 위해 로마라는 외세를 이용하려는 야심 찬 정치가였습니다.

유능하고 야심찬 여왕

부왕이었던 프톨레마이오스 12세는 반란이 일어났을 때 로마로 도망치는 등 무능한 군주였고, 그 뒤를 이은 클레오파트라의 언니 베레니케 4세$^{Berenice\ IV}$, 프톨레마이오스 13세 또한 아무것도 보여준 것이 없는 무능한 군주들이었습니다. 아마 당시 프톨레마이오스 왕조의 유일한 희망은 현명하고 정치적 수완이 뛰어난 클레오파트라였을 수도 있습니다.

그녀의 파란만장한 인생은 후대에도 큰 영향을 미쳤습니다. 그녀의 삶과 관련된 이야기들은 앞서 한 것처럼 역사학적은 물론 르네상스 시대를 거쳐 윌리엄 셰익스피어의 연극, 꾸준한 영화의 제작 등 예술적 작품으로 계속 다뤄지고 있습니다.

클레오파트라, 그녀는 역사를 바꾼 미녀들과 비교할 수 없는 가장 강한 여성일 것입니다. 만일 프톨레아이오스 왕조가 좀 더 제대로 된 왕국이었거나 로마 또는 더 강한 제국의 여황제였다면 아마 역사를 바꾸었을 정도로 훌륭하고 강력한 군주가 되지 않았을까 생각하며 글을 마칩니다.

스파르타쿠스 Spartacustm 1960 _ 스파르타쿠스의 난 (3차 노예의 난)
그는 황제처럼 싸우다 죽었다

이 영화의 감독은 연출한 작품의 수는 적지만 제작한 영화 모두 높은 평가를 받는 스탠리 큐브릭 Stanley Kubrick 입니다. 그리고 이 영화의 원작 소설가인 하워드 패스트 Howard Fast 와 각본을 담당한 돌턴 트럼보 Dalton Trumbo 둘 다 매카시즘 McCarthyism 의 광풍이 불 때 공산주의자로 낙인이 찍혀 감옥 생활을 하고 제대로 활동하지 못한 경험이 있습니다. 특히 이 영화의 원작 소설은 하워드 패스트가 감옥에서 쓴 것으로도 유명합니다.

그래서 이 영화의 제작을 결정할 당시 매카시즘의 압력을 받았는데, 돌턴 트럼보의 인생을 소재로 한 영화 트럼보에서는 주연인 커크 더글라스 Kirk Douglas 가 매카시즘의 압박을 무시한 채 트럼보를 믿고 뚝심 있게 영화를 제작하고 연기하는 모습이 인상적으로 나옵니다.

하지만 감독인 스탠리 큐브릭은 제작사인 유니버설 스튜디오와 주연 배우였던 커크 더글러스의 지나친 간섭으로 자신의 색깔로 영화를 만들지 못해 버린 자식 취급을 하였고, 이 영화 이후 그는 좀 더 자유롭고 간섭 없는 작품 활동을 위해 영국에서 후속작인 롤리타[Lolita]를 촬영하기로 했습니다.

그래도 이 영화가 감독의 교체 없이 완성된 것을 보면 제작사도 커크 더글러스도 스탠리 큐브릭 감독의 천재성과 영화의 완성도는 인정하지 않았나 싶습니다.

제3차 노예 전쟁[Third Servile War], 스파르타쿠스의 난

이 영화의 배경은 제3차 노예 전쟁입니다. 이전에 벌어진 제1차 노예 전쟁과 제2차 노예 전쟁은 시칠리아의 농장에 있던 노예들이 반란을 일으켜 로마군이 진압한 사건이었습니다.

로마는 정복 전쟁을 벌이며 정복지의 수많은 사람을 노예로 만들었습니다. 그들은 가혹하고 무자비한 대우를 받았는데, 그들은 사람이 아니라 재산으로 취급받았습니다. 검투사들은 강제 노동을 당하는 노예들보다는 형편이 조금 나은 편이기는 했지만, 언제 죽을지 모르는 시합을 하며 살아야만 했습니다.

로마시대의 검투사

하지만 제3차 노예전쟁 또는 스파르타쿠스의 반란^{War of Spartacus}은 기원전 73년 검투사 양성소에서 스파르타쿠스가 이끄는 검투사 74명이 무기를 들고 집단으로 탈주해 베수비오산으로 도망쳤습니다. 그들이 탈출한 이유는 로마인들을 위한 정화의식에 제물로 사용될 예정이었는데 이를 피하기 위해서였다고 합니다. 그리고 스파르타쿠스는 도망이 아닌 전쟁을 선택했습니다. 그는 주변의 광산, 농장의 노예들에게 합류를 권유했고 그들을 훈련시켰습니다.

로마군은 처음에 정규군이 아닌 가이우스 클라우디스^{Gaius Claudius}가 지휘하는 민병대로 구성된 삼천여 명의 군인을 보냈으나 검투사들은 가볍게 이들을 제압했습니다. 그리고 이들의 승전보를 들은 각지의 노예들은 탈출하여 베수비오산^{Mount Vesuvius}으로 모이기 시작했습니다.

이후 세 차례의 전투에서 승리한 노예군은 로마군에게 큰 피해를 안겼습니다. 노예군이 계속해서 승리했던 이유 중 가장 유력한 설은 그 당시 로마군의 주력부대는 반란을 일으킨 퀸투스 세르토리우스Quintus Sertorius를 진압하기 위해 에스파냐에 있었고, 한때 로마군이었던 (스파르타쿠스의 노예 이전 신분에 대한 여러 설이 있는데, 그중 하나는 바로 그가 로마군이었다는 설입니다.) 스파르타쿠스가 로마군의 전법을 잘 알고 있고, 탁월한 전술과 지도력을 가졌기 때문이라는 것입니다. 하지만 가장 큰 이유는 노예로 살기보다 죽음을 선택한 결의로 뭉쳤기 때문일 것입니다.

스파르타쿠스의 석상

승승장구하던 스파르타쿠스와 노예군은 알프스산맥까지 행군하였으나 갑자기 무슨 이유에서인지 방향을 틀어 나폴리 지방으로 남하하기 시작했습니다. 그들이 남하한 이유는 정확히 알려진 바는 없지만, 이 선택은 결국 이들에게 치명적인 실수로 작용하게 됩니다.

크라수스의 등장 그리고 노예군의 최후

로마 원로원은 결국 노예군을 무찌르기 위해 마르쿠스 리키니우스 크라수스Marcus Licinius Crassus가 이끄는 대규모 군단을 편성했습니다. 반란을 토벌한 공을 세우고 싶었던 크라수스는 잔인하고 악랄하게 노예군을 응징했습니다. 그는 첫 번째 전투에서 패하자 분노하며 부하들에게 10분의 1형을 내렸습니다. 10분의 1형은 부대원에게 10개의 제비를 뽑게 한 뒤 그중 당첨된 것을 뽑은 한 명을 나머지 아홉 명이 때려죽이는 잔혹한 형벌입니다. 드라마 스파르타쿠스에서 크라수스는 자기 아들에게도 제비뽑기를 시키는 냉혈한으로 묘사되기도 했습니다.

크라수스의 패잔병에게 가하는 잔혹한 형벌은 로마군을 더욱 열심히 싸우게 했습니다. 결국 노예군을 상대로 승기를 잡기 시작했습니다. 로마군은 점점 노예군을 압박하기 시작했습니다. 결국 해적들과 접선해 탈출을 시도했으나 해적들의 배신으로 실패하고, 노예군은 스파르타쿠스의 지휘를 따르지 않고 점점 분열되기 시작했습니다. 독자적으로 행동하던 노예군 일부는 로마군에서 섬멸되었고, 사방에서 로마군은 노예군을 포위하기 시작했습니다.

결국 노예군은 실라루스 강가에서 크라수스 군을 맞이하여 최후의 전투를 치렀습니다. 하지만 이 전투는 압도적인 전력의 차이가 있었고, 스파르타쿠스는 자신의 말까지 베어가며 배수진을 쳤습니다. 하지만 로마의 정예군을 감당할 수는 없었습니다. 스파르타쿠스의 최후는 몇 가지 설이 있는데, 모두 용감하게 싸우다 최후를 맞이했다는 것입니다.

스파르타쿠스의 최후

패배한 노예군 6천여 명은 포로로 잡혔고, 그들은 반란의 본보기로 가장 잔인한 형벌인 십자가형을 당했습니다. 살아남은 일부 잔당이 산에 숨어 지냈지만 이들 또한 로마군에 토벌되었다고 전해집니다.

자유를 갈망하는 의지

스파르타쿠스라는 이름이 영웅으로 불리고 많은 사람들에게 영향을 준 이유는 그가 자유를 얻기 위해 억압에 저항했기 때문입니다.

로마의 기록에서 당연히 그의 기록이 좋을 리 없습니다. 하지만 그는 후대에 재평가받게 됩니다. 그들의 전쟁은 인류 역사상 유일하게 정의로운 전쟁이라 평가받기도 했고, 특히 사회주의, 공산주의 진영에서는 그를 고대 역사상 가장 위대한 인물, 위대한 장군, 고귀한 인격을 가진 자라 극찬했습니다.

다른 정치적, 금전적 목적이 아닌 자유 하나만을 위해 로마라는 거대한 상대로 일어섰던 스파르타쿠스의 비장함은 다른 어느 반란들과는 다르게 느껴집니다. 도망갈 수도 있었지만, 그는 비극적 최후를 맞이한 스파르타쿠스는 이제 단순한 노예 반란을 넘어 자유를 갈망하는 인간이 억압에 저항하는 상징이 되었다고 생각합니다.

적벽대전 赤壁 1부, 2부 2008, 2009 _ 삼국지

적벽대전

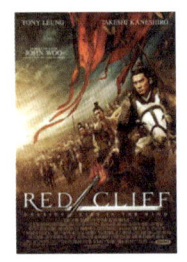

삼국지는 중국 고전 중 가장 유명한 작품입니다. 동서양을 막론하고 많은 사람에게 널리 읽히는 책입니다. 삼국지는 후한 말 혼란한 상황에서 천하의 패권을 놓고 다투던 위^{魏}, 촉^{蜀}, 오^{蜀} 세 나라의 역사를 기록한 '사기^{史記}', '한서^{漢書}', '후한서^{後漢書}'와 함께 전사서로 불리는 진나라의 진수가 지은 기전체의 정사입니다.

요즘 사람들이 많이 읽는 삼국지는 명나라 시대의 작가인 나관중^{羅貫中}이 역사를 소설 형식으로 표현하는 연의 형식으로 쓴 삼국지연의^{三國志演義}의 번역본입니다.

영화 적벽대전은 삼국지연의의 적벽대전^{赤壁大戰}을 소재로 오우삼^{吳宇森} 감독이 연출한 영화입니다. 이 영화는 중국뿐만 아니라 일본 그

리고 한국의 유명 영화사들이 투자하고 배급에 참여했습니다. 800억 원의 자본이 투입된 제작 스케일만큼이나 출연진도 화려했습니다.

조조^{曹操} 역은 천가이거 감독의 페르소나로 불리는 장풍의^{张丰毅}가 연기했으며, 유비^{劉備}는 국내에는 잘 알려지지 않은 유용^{尤勇}이라는 배우가 그리고 손권^{孫權}은 넷플릭스 드라마 수리남에도 출연하며 국내에도 익숙한 배우인 장첸^{張震}이 연기했습니다. 그 외 주요 배역은 카네시로 다케시(금성무^{金城武})가 제갈량^{諸葛亮}을 연기했고, 양조위^{梁朝偉}는 주유^{周瑜}를 연기했습니다.

1, 2편으로 나뉘어 개봉한 적벽대전은 흥행에서도 성공했는데, 특히 일본에서 본국인 중국보다 더 큰 성공을 거뒀습니다. 주요 내용에 대해 간략히 이야기하면 1편이 적벽대전 이전 상황과 인물들을 소개하고 2편에서 본격적으로 적벽대전이 펼쳐지게 됩니다.

아! 마지막으로 연출한 영화마다 비둘기가 나오는 것으로 유명한 오우삼 감독은 적벽대전에서도 비둘기를 등장시켰을까요? 그것은 영화에서 직접 확인해 보시길 바랍니다.

삼국지 자체에 관해 이야기한다는 것은 너무 방대하므로 위, 촉, 오의 각 군주를 소개하는 글로 하려 합니다. 첫 번째 소개할 군주는 바로 조조입니다.

시대를 초월한 영웅^{英雄}인가?
난세의 간웅^{奸雄}인가?
조조

조조^{曹操}는 자는 맹덕^{孟德}이고, 위가 건국된 후 추증된 묘호는 태조입니다. 후한 말의 정치가이며 한나라의 마지막 승상^{丞相}이자 위나라의 시조입니다.

조조는 155년 태위^{太尉}를 지낸 조숭^{曹嵩}의 아들로 태어났습니다. 조조의 아버지 조숭은 4대 황제를 섬겨 환제 때 비정후^{費亭侯}로 봉해진 환관 조등^{曹騰}의 양자였습니다.

조조

어린 시절부터 총명하고 책을 즐겨 읽었으며 다양한 분야에서 재능을 보였습니다. 하지만 어린 시절 학업에 전념하기보다 품행이 불량하고 방탕한 생활을 했습니다. 그래도 스무 살이 되던 174년 효렴^{孝廉}으로 천거되어 낭관으로 관직 생활을 시작했습니다. 184년 황건적의 난이 일어났을 때는 기도위^{騎都尉}가 되어 난을 진압하는 데 공을 세워 산둥^{山東}지역 지난^{濟南}의 재상으로 승진합니다. 그 후 동군 태수로 임명되지만, 병을 핑계로 이후 관직을 사양하고 귀향한 뒤 사냥과 독서를 즐기며 은거합니다.

189년 영제^{靈帝}가 죽은 뒤 소제^{少帝}를 폐위하고 헌제^{獻帝}를 세워 정권을 장악한 동탁은 조조를 효기교위^{驍騎校尉}에 임명하지만, 조조는 거절하고 낙양^{洛陽}에서 탈출합니다. 진류^{陳留}에 도착한 조조는 군사를 모아 원소^{袁紹}를 맹주로 하는 반동탁^{董卓} 연합군에 가담했습니다.

중원 진출의 야심을 품다

192년 동탁이 사망한 뒤 조조는 연주^{兗州}를 평정하고 연주목으로 임명됩니다. 그리고 연주를 평정할 때 병졸 30여만과 남녀 백여만 명 중 정예를 추린 청주병^{靑州兵}을 창설한 조조는 본격적으로 중원 진출의 야심을 품게 됩니다.

193년 유표^{劉表}와 대립 중이던 원술^{袁術}은 조조의 성장세에 위협을 느껴 연주를 침입합니다. 하지만 곧바로 반격에 나선 조조에게 원술은 격파되고 양주^{梁州}로 달아나게 됩니다. 그리고 이때 조조의 아버지 조숭이 도겸^{陶謙}의 병사들에게 살해당하는 일이 발생합니다. 원술을 격파하고 돌아온 조조는 대규모 부대를 이끌고 도겸의 성을 하나둘씩 점령했습니다. 도겸은 결국 농성에 돌입하는데, 성의 공략에 실패한 조조는 서주의 주민 수십만 명을 말 그대로 살육합니다. 백성의 시체로 강이 메워졌다는 표현이 있을 정도의 대학살이었습니다. 이 서주 대학살은 아버지의 죽음에 분노한 조조가 노겸을 없애려 했지만, 뜻대로 되지 않자 서주의 사람들을 죽인 사건입니다. 무고한 시민을 학살한 이 사건으로 조조가 민심을 잃게 되었다는 이야기도 있습니다.

그 후 여포呂布를 앞세워 연주兗州에서 반기를 들었던 진궁陳宮을 진압한 조조는 196년 헌제를 옹립하여 대장군으로 임명된 뒤 수도를 허창許昌에서 낙양으로 옮깁니다. 그와 함께 조조는 여러 개혁 정책을 펼치게 됩니다. 둔전제屯田制를 시행해 허창 등에서 많은 양의 곡물을 확보할 수 있게 됩니다. 특히 이 기간 중 수많은 인재를 등용하며 위 건국의 기반을 다지게 됩니다. 그리고 이때 여포에게 하비下邳를 빼앗겨 조조에게 도망 온 유비를 부하들의 반대에도 불구하고 받아줬습니다.

화북의 2대 세력, 원소와 조조의 일대 결전

197년 완에 출전하여 장수張繡를 항복시키지만 이 싸움에서 맏아들 조앙曹昻과 조카 조안민曹安民 그리고 아끼던 부하 전위典韋가 전사했습니다. 198년에 장수張繡와 유표의 연합군을 안중에서 격파하고, 하비에서는 여포를 잡아 처형했습니다. 원술 또한 토벌하였으나 원술 토벌에 유비를 파견한 일이 문제가 됩니다. 유비는 서주지역에서 반란을 일으켰지만, 조조에게 이내 제압당

후베이성의 조조 조각상

하고 관우關羽를 항복시킵니다. 결국 유비는 원소 쪽으로 피신하게 됩니다.

마침내 가장 강한 세력이었던 원소와 천하를 놓고 자웅을 겨루게 되었습니다. 유비가 대패한 것을 소식을 들은 원소는 그제야 조조의 세력이 예상보다 강하다는 것을 깨달았습니다. 원소는 10만 정예군을 안량顏良을 대장으로 파견했지만, 조조군은 백마白馬에서 치러진 전투에서 대승을 거둬 원소의 부하인 안량을 전사시켰고, 원소군 대부분은 달아났습니다. 이후 조조를 추격하기 위해 출전시킨 문추文醜 또한 매복하고 있던 조조군에게 습격당해 전사하며 두 명의 대장군을 잃은 원소는 조조를 맹추격하기 시작했습니다.

관도官渡에 진을 친 조조군을 원소군은 서서히 진격하며 압박하기 시작했습니다. 조조 진영에서는 식량이 점점 줄어드는 등 형세가 나빠지기 시작했습니다. 하지만 이때 원소에게 불만을 품은 허유許攸가 조조군에 투항해 원소군의 군량 운송 등의 정보를 알렸고, 기습하여 원소군의 군수물자를 모조리 소각하고 군량을 지키던 오소烏巢의 병사들을 섬멸했습니다.

오소로 조조의 주력군이 빠져나간 것을 알게 된 원소는 장합張郃과 고람高覽에게 주력군을 내어 조조의 본진을 공격하게 시켰으나 오히려 장합은 원소군을 배신하여 조조군에게 투항합니다. 결국 원소는 갑옷도 제대로 입지 못한 채 줄행랑을 쳤고, 예상치 못한 아군의 습격에 원소군은 대혼란에 빠져 자멸하고 맙니다.

원소의 패배는 허유의 배신이 가장 큰 이유이기도 했지만, 원소의 지나친 독선과 오만이 가져온 결과였습니다.

관도대전官渡大戰의 패전 이후 원소는 병이 들어 피를 토하며 죽었고, 조조는 북진을 계속하여 남은 원소의 세력을 철저히 격파했습니다. 원소 토벌 이후 최강자로 자리잡은 조조는 208년 승상 자리에 오르며 정권과 군권 모두를 잡게 됩니다.

중국 북부를 사실상 통일한 조조는 이제 천하를 통일하기 위해 대군을 이끌고 남쪽으로 진격합니다. 유비는 제갈량의 의견대로 손권과 손을 잡고 조조의 군대에 대항하게 됩니다.

적벽대전 : 화공에 무너지다

유비·손권 연합군과 조조의 군대가 충돌한 곳은 바로 적벽이었습니다. 조조군의 주력인 북방 인들은 말을 잘 타고 육지에서는 강했지만, 수전水戰에서는 약점을 드러냈습니다. 풍토에 익숙지 않아 지쳤고, 뱃멀미 환자들이 많이 나와 배를 서로 쇠고리로 연결해 요동을 적게 하며 휴식을 취하고 있었습니다.

적벽에서 시를 짓는 조조의 모습

그리고 조조가 상대한 손권군의 주유와 유비군의 제갈량은 수상전의 뛰어난 전략가였습니다. 상대적으로 압도적이었던 조조군을 상대하기 위해 화공^{火攻}작전을 썼습니다. 빠른 배 몇 척을 골라 장작을 가득 싣고 기름을 부은 뒤 흰 깃발을 올려 마치 항복하는 것처럼 조조군에 접근했습니다. 그리고 조조군에 가까이 이르렀을 때 배에 불을 붙여 돌진시켰고 조조군은 불타오르는 배의 습격을 받게 되었습니다. 조조군의 모든 배가 순식간에 불길에 휩싸였고, 강가의 조조군 진영까지 불바다가 되고 말았습니다. 조조군이 불바다의 혼란에 빠진 사이 손권·유비 연합군은 일제히 공격을 시작했습니다. 결국 조조는 얼마 남지 않은 패잔병을 이끌고 간신히 퇴각하였습니다.

적벽대전은 관도대전, 이릉대전^{夷陵大戰}과 함께 삼국지의 3대 전투로 꼽히며 그중 가장 많은 사람에게 알려진 전투입니다. 이 전투로 인해 조조의 천하통일 염원이 깨지고 천하삼분지계^{天下三分之計}가 시작된 분수령과도 같은 의미 있는 사건이었습니다.

적벽대전에서 패하기는 했지만, 여전히 조조는 가장 강력한 세력이었습니다. 조조는 이후 내정에 전념하는데 210년 신분의 고하를 막론하고 재능있는 사람이면 누구나 등용하는 구현령求賢令과 자신이 받은 땅을 다시 황제에게 반환하며 제위 찬탈 등에 야망이 없다는 사실을 공개적으로 밝힌 술지령述志令을 발표했습니다.

조조는 자신의 어마어마한 재산을 가난한 백성을 위해 나눠줬으며, 그 영향으로 고위층도 재산을 백성들에게 나누어줬습니다.

조조의 죽음

그리고 216년 드디어 조조는 위왕魏王에 봉해지면서 훗날 위나라가 건국되는 초석을 마련했습니다. 이후 220년 조조는 낙양에서 평생의 꿈이었던 천하통일을 이루지 못하고 66세의 나이로 세상을 떠나게 됩니다.

아들 조비曹丕가 위왕에 즉위하자 조비는 아버지 조조를 무왕武王으로 추증하였다가, 헌제에게 선위를 받고 위나라 황제가 된 뒤 다시 태조 무황제太祖 武皇帝로 추증하였습니다.

조조는 군사, 무예, 학문, 내정 모두가 탁월한 재능을 가졌을 뿐만 아니라 문학적 업적도 뛰어났습니다. 특히 지금도 많은 사람들이 한

목소리로 인정하는 것은 조조의 통솔력과 지도력입니다. 당시 파격이라고 할 수밖에 없는 인재 등용을 했는데, 한 가지 분야에 뛰어난 능력을 갖췄다면 신분이 미천하거나, 자신과 악연이 있던 사람도 그는 과감히 등용했습니다.

특히 유비, 손권과 비교되는 점은 정치적 감각도 뛰어나 인재와 파벌을 교묘하게 이용하는 정치적인 능력과 전쟁으로 초토화된 경제를 재건하는 능력과 다른 어떤 군주보다 빠르게 정예화된 강병을 조직하는 등 행정적 능력 또한 뛰어났습니다.

조조에 대한 후대의 평가

하지만 조조가 후대에 악인(惡人)으로 평가받기도 했는데, 유교적 관점에서 조조와 그가 세운 위나라를 좋게 보지 않았을 뿐만 아니라 삼국지연의가 나오고 나서부터는 조조에게는 영웅보다 '난세의 간웅' 이미지가 굳혀지게 되었습니다. 오죽했으면 조조를 연기했던 배우가 관객들에게 맞아 죽는 일이 벌어질 정도였습니다.

물론 조조의 가장 큰 단점으로 잔혹하다는 것을 들 수 있는데, 조조는 앞서 이야기한 서주 대학살, 여포와 원소군 포로에 대한 학살 등 엄청난 수의 사람을 학살한 것 외에도 여러 잔혹한 행보를 들 수 있습니다. 특히 21세기에는 인권과 결부되어 부정적 인식이 있기도 합니다.

결국 후대의 평가에서 조조의 발목을 잡은 것은 도덕성이라 볼 수 있을 것입니다. 그래서 사람들은 조조의 안티테제인 유비를 더 긍정적인 시선으로 바라보는 것일지도 모릅니다.

조조는 유비, 손권보다 입체적인 인물이었으며 후대에서도 재평가에 대한 논의가 가장 치열하게 일어나고 있는 인물입니다. '시대를 초월한 영웅인가? 난세의 간웅인가?'였냐는 질문에 대한 답은 여러분 스스로 내려보시길 바랍니다.

눈물로 촉한의 강산을 얻다
유비

삼국시대 촉한蜀漢의 초대 황제였던 유비는 일찍이 아버지를 여의고 어머니와 짚신과 돗자리를 팔며 생계를 잇는 등 어려운 환경에서 자랐습니다. 삼국지연의의 표현에 따르면 그는 '한나라의 황손'이어서 유황숙劉皇叔이라고도 불렸습니다. 열다섯 살에 노식盧植의 문하에서 수학했는데, 함께 공부했던 인물이 바로 공손찬公孫瓚이었습니다. 유비는 어린 시절부터 말수가 적었지만 늘 상대를 예의 바르게 대했습니다. 그의 주변에는 많은 젊은이들이 모여들었는데 그중에는 관우와 장비張飛도 있었고 특히 그들과는 친형제와 같이 지냈다고 합니다.

영웅, 일어서다.

황건적의 난이 일어나자 유비는 관우, 장비와 함께 모집한 의병들과 함께 장순張純, 장거張擧의 난을 진압하고 그 공으로 중산국中山國 안희현위安喜縣尉에 임명되었습니다. 하지만

도원결의 목각

그의 지위는 오래 가지 못했습니다. 적군에게 패해 달아난 그는 동문이었던 공손찬에게 갔습니다. 공손찬은 유비를 조정에 천거하여 별부사마別部司馬에 제수되도록 도와주었고, 원소와의 대전에서 승리하며 공을 세웠습니다.

조조와 도겸의 대전에서 유비는 도겸을 도왔는데, 194년 도겸이 사망한 뒤 도겸의 유지와 서주대학살 이후에도 끝까지 남아있던 서주의 호족들의 권유로 서주를 지배하게 됩니다. 하지만 모든 호족이 유비를 반겼던 것은 아니었기에 훗날 유비가 여포에게 하비를 빼앗기는 결과를 초래하기도 합니다. 그리고 공손찬이 유우劉虞를 죽이자, 유비는 자기 친척을 죽인 공손찬에게 분노해 공손찬과 절교한 뒤 서주에 계속 머무르게 됩니다.

하지만 여포의 공격으로 서주를 빼앗기고 가족이 사로잡히게 됩니

다. 유비는 여포에게 화친을 요청했고, 여포는 유비의 가족을 되돌려 보냈습니다. 소패로 몰린 유비가 병사를 일만여 명 모집하자 위협을 느낀 여포는 유비를 공격했고 유비는 조조에게 의지하게 됩니다. 조조는 유비와 함께 하비성의 여포를 공격했고 여포를 처형했습니다.

유비는 조조와 함께 허도로 귀환해 좌장군으로 임명되었습니다. 조조는 유비에게 경의를 표하며 중요하게 여겼다고 합니다. 조조의 참모였던 정욱程昱 등은 유비가 영웅 자질이 있고 민심을 얻고 있으므로 남을 섬길 사람이 아니므로 죽일 것을 권유했지만, 조조는 신용을 잃을 것을 우려해 유비를 죽이지 않았습니다.

삼고초려 끝에 제갈량을 얻다.

하지만 헌제獻帝가 조조를 암살하라는 밀서를 동승董承에게 보냈는데 유비도 은밀히 이 계획에 참여하게 됩니다. 결국 유비는 모살 계획이 사전에 누출되자 원술 토벌을 빙자하여 서둘러 조조 곁을 떠났고 조조가 원술을 멸한 뒤 주었던 증표를 이용 하비를 점거하였습니다. 조조와 원소가 관도대전을 시작하자 원소와 동맹을

유비의 조각상

맺었지만, 이 전투에서 조조가 승리하자 유비는 형주^{荊州}의 유표^{劉表}에게 귀의하였습니다. 유표는 유비를 극진히 대접했고, 군사를 내주어 신야^{新野}에 주둔할 수 있게 해줬습니다. 이 무렵 서서가 천거한 제갈량을 삼고초려^{三顧草廬} 끝에 맞이하게 됩니다. 그리고 제갈량의 전략으로 형주^{荊州}에서 기반을 닦게 된 유비는 하후돈과 이전의 공격을 박망^{博望}지역에서 막아냅니다.

208년 유표가 병에 걸리자, 유비는 영형주자사^{領荊州刺史}로 올랐습니다. 한편 원소를 물리치고 하북을 평정한 조조는 형주를 공격하기 시작했습니다. 유표가 세상을 떠나자, 그의 아들인 유종^{劉琮}이 뒤를 이었지만, 유종은 조조에게 기습적으로 항복을 결정합

공명출산도

니다. 이 일로 조조에 반감을 품던 대다수의 양양의 호족 및 백성들은 유비에게 귀부하였습니다.

결국 유비는 오나라의 손권과 동맹하여 적벽에서 조조를 대파하고 형주를 확보했습니다. 적벽대전 이후 무릉^{武陵}, 장사^{長沙}, 영릉^{零陵} 등 형주 남쪽의 4군을 평정한 뒤 유표의 장남인 유기^{劉琦}를 형주 자사로 천거하였습니다. . 그리고 이듬해 유기가 병사하자 군신들이 유비를 형

주자사로 추대했습니다.

211년 조조가 손권 토벌을 시작하자 손권은 유비에게 구원을 요청했습니다. 유비는 익주목益州牧 유장劉璋에게 병사와 군수 물자를 요청했으나 늙은 병사들과 요청한 군수 물자의 절반만 보내자, 유비는 격노했습니다. 관우는 형주에 남기고 유비군은 진군을 시작했습니다. 214년 유비는 제갈량, 장비, 조운趙雲 등을 이끌고 성도成都를 포위한 뒤 결국 유장의 항복을 받아냈습니다.

유비는 익주 자사를 겸하게 되었지만, 유장의 옛 관료들 또한 그대로 취임시켰습니다. 백성들에게 전답과 집을 돌려주며 익주 백성들의 인심을 얻으며 촉한의 기반을 구축하게 되었습니다.

215년 형주를 두고 손권과 대립하였는데, 결국 형주 동부의 강하江夏, 장사, 계양桂陽을 오나라에 넘겨주게 됩니다. 219년 유비는 한중汉中 지역을 공격해 한중왕이 되었습니다. 한편 형주에 있던 전장군 관우는 위나라의 조인曹仁이 지키는 번성을 공격하다 여몽呂蒙이 이끄는 오나라군에 배후를 공격당해 죽게 됩니다.

유비, 황제에 오르다.

220년 위왕 겸 대장군 조비가 헌제로부터 강제로 선양 받아 황제가 되었습니다. 이런 상황 속에 제갈량은 유비에게 황제가 될 것 권유했고, 221년 마침내 황제가 되었습니다. 연호는 장무^{章武}로 하였고, 장남인 유선^{劉禪}을 황태자로 세웠습니다.

관우를 죽인 오나라에 분노한 유비는 오나라를 정벌하기로 했습니다. 하지만 강주에서 합류하기로 한 장비가 부하인 범강^{范疆}과 장달^{張撻}에게 암살당하고 오나라로 달아나자, 유비는 형주 탈환과 관우와 장비의 복수를 위해 오나라를 직접 공격했습니다. 하지만 이릉에서 육손이 이끄는 오나라의 화공에 대패한 유비군은 수많은 전사자를 낸 것은 물론 유비도 간신히 백제성^{白帝城}으로 피신할 수 있었습니다.

촉주 유비

결국 백제성에서 후사를 제갈량에게 위탁하고 223년 63세의 나이로 병사하게 됩니다.

조조가 '천하의 영웅은 오직 유비와 나 조조 뿐이다.'라며 자신과 동등한 영웅으로 평가하기도 했던 유비는 재략과 임기응변 측면에서 조조에 미치지 못했던 것은 사실입니다. 하지만 유비가 조조와 손권과 다른 점은 가난한 환경에서 자라 밑바닥부터 시작한 자수성가형 인물이라는 점입니다. 물론 유비에게는 혈통이라는 강력한 무기가 있어 유표, 유장에게 의탁하거나 한중왕이나 촉한의 황제에 오를 때도 주변의 반대나 큰 갈등이 없었습니다.

유비의 진정한 능력은?

하지만 유비의 진정한 능력이자 무기는 인재를 보는 통찰력과 용인술이었습니다. 인재의 능력을 파악해 적재적소에 사용할 줄 알았으며, 아랫사람을 아끼고 능력을 최대한으로 발휘하게 했습니다. 유비의 세력이 가장 약해 초반에 많이 패배했지만, 부하들은 유비에 대한 충성심이 높았고 유비가 패해 도망칠 때도 항복하지 않고 그와 함께 쫓기는 길을 선택하곤 했습니다. 무능해 보이는 유비가 훌륭한 군주로 평가받는 이유 중 하나는 바로 유능한 인재를 단결시키는 능력이 있었기 때문입니다.

연의에서 유비는 인의를 너무 중요시한 나머지 눈앞의 이익을 놓치고 결단력과 판단력이 부족한 인물로 묘사되는데, 정사는 물론 연의에서도 유비에 대해 공통적으로 이야기하고 있는 것은 그가 호감을 끄는 매력적인 인물이라는 점입니다.

대표적인 예로 어린 시절 노식盧植 문하에서 수학할 때 호걸들과 결의를 맺기 좋아하고 각지의 젊은이들이 다투어 귀부한 이야기, 공손찬 밑에 있던 조운과 전예田豫가 의탁한 것, 조조가 서주를 공격하자 유비가 구원하러 왔을 때 유비에게 굶주린 백성 수천 명이 따른 점, 유표가 병이 들었을 때 자신이 평생 일궈 온 형주를 유비에게 넘기려 한 것 등 정사와 연의에서 유비의 인간성에 매료된 사례는 다양합니다.

천하통일에 가장 가까웠던 조조를 저지했던 유비는 어떤 시각으로 보느냐에 따라 평가가 달라지는 인물입니다. 의리와 왕의 면모를 갖춘 진정한 영웅인지 감정에 치우치고 결단력과 판단력이 부족한 군주였는지는 여러분이 직접 평가해 보시기 바랍니다.

탁월한 외교술, 그리고 수성의 명수
손권

삼국시대 오나라의 초대 황제인 손권은 자는 중모^{仲謀}이며, 손견^{孫堅}의 차남이자 손책^{孫策}의 동생입니다. 200년 소패왕^{小霸王}이라 불리던 형 손책이 사망하자 어린 나이에 오의 지배자가 되었습니다. 손권은 황권적의 난이 일어나기 직전인 182년에 태어나 촉한이 멸망이 임박한 252년 사망했는데, 200년부터 오의 지배를 시작했으

손권

니 거의 50여 년간 오의 지배자로 군림했습니다.

하지만 조조, 유비에 비해 삼국지의 인물들 중 인기가 낮은 편인데, 삼국지에서 오의 비중이 촉과 위에 비해 적은 문제도 있지만 손권이 말년에 했던 실책 탓에 평가가 갈리는 인물이기도 합니다.

아버지 손견이 유표와의 전투에서 전사한 후 원술^{袁術} 밑에서 의지하던 형 손책이 원술의 손에서 벗어나 강동에서 궐기하고 강남을 제패할 당시 손책은 책략을 세울 때마다 항상 손권과 상의했고, 그의 의견을 높이 평가했다고 전해집니다.

19세의 손권, 가업을 이어 오나라 군주가 되다.

200년 형 손책이 허공^{許貢}이 보낸 자객에게 습격당해 26세에 단명하자 19세의 손권이 뒤를 이어 오나라의 군주로 등극했습니다. 주유^{周瑜}와 장소^{張昭}는 손권이 장차 대업을 이룰 인물이라 판단하고 정성을 다해 그를 섬겼습니다.

208년 유표가 죽고 그 아들 유종^{劉琮}이 조조에게 항복하자 조조의 압박은 더욱 강화되었습니다. 손권은 개전과 항복을 놓고 결단을 내리지 못하고 있었는데, 조조에게 쫓겨 남쪽으로 온 유비가 보낸 제갈량에게 설득당해 유비와 동맹을 맺고 조조와 싸우기로 했습니다.

조조의 대군을 적벽에서 무찌른 손권은 강남에서의 위상이 확고해졌습니다. 214년 유비가 익주를 평정하자 손권은 형주 반납을 요구하며 둘 사이에 갈등이 생겼습니다. 양주를 손에 넣으면 돌려주겠다는 유비의 말에 분노한 손권은 여몽^{呂蒙}을 파견해 영릉^{零陵}, 계양^{桂陽}, 장사^{長沙}를 무력으로 탈취하고 형주를 지키는 관우와 대립하게 됩니다. 217년 조조에게 항복한 손권은 219년 조조와 결탁하여 관우를 격파한 뒤 형주를 점령했으며, 관우의 목은 조조에게 보냈습니다.

이릉대전의 승리, 그리고 황제에 오르다

220년 조조가 죽자, 그의 아들 조비가 헌제를 폐하고 스스로 황제로 즉위하였으며, 다음해 촉한의 유비도 황제에 올랐습니다. 손권은 계속해서 위나라에 예를 갖춰 조비로부터 오왕으로 봉해집니다. 그해 유비가 관우와 장비의 복수를 위해 오나라를 침공한 이릉대전이 발발했고, 손권은 육손陸遜을 총사령관으로 임명해 방어하게 했습니다. 결국 222년 육손이 화공으로 유비군을 격퇴하며 전쟁을 승리로 이끌었습니다.

손권의 동상

그러나 이 무렵 위나라와의 관계가 악화되기 시작했습니다. 위나라의 조비가 손권의 아들을 신하로 등용한다는 명분으로 인질로 데려가려 하자 손권이 이를 거부함으로써 위나라와 전쟁이 발발했습니다. 위나라는 조진曹眞과 하후상夏侯尙을 지휘관으로 오나라를 침공했으나 반장潘璋이 이를 크게 무찔렀으며, 위나라를 견제하기 위해 이릉대전 이후 촉나라와 우호 관계를 맺었습니다.

229년 손권은 신하들의 권유로 황제로 즉위하였습니다. 이후 남방 개척을 펼쳐 안후이, 후난을 비롯한 각 지방의 산월^{山越} 민족을 토벌하며 오나라에 편입시켰고, 이민족의 인구 유입을 위해 이주^{夷州}와 단주^{亶州}를 찾아 해상진출을 하지만 실패했습니다.

이궁지쟁^{二宮之爭}

241년 손권이 총애하던 황태자 손등이 33세의 나이로 요절하자 후계자 선정을 놓고 내분이 일어났습니다. 신하들은 둘째 손화^{孫和}파와 넷째 손패^{孫覇}파로 나뉘었습니다. 손권은 손화를 황태자로 책봉하고 손패는 노왕에 봉해 황태자와 동등한 지위를 부여했습니다. 후계 싸움이 격화되는 와중 손화를 지지하던 승상 육손은 손권의 질책을 받은 뒤

손책

화병으로 죽는 등 양측의 갈등은 격화되었습니다. 결국 250년 손권은 양쪽 모두 벌하는 방식으로 손화는 황태자에서 폐하고 손패에게는 자결을 명령했습니다. 그리고 막내였던 손량^{孫亮}을 태자로 삼았습니다.

그리고 손권은 252년 제갈각^{諸葛恪}에게 후사를 부탁한 뒤 71세의 나이로 세상을 떠났습니다.

손권 역시 조조와 유비처럼 평가가 극과 극으로 나뉘는 인물입니다. 아버지 손견과 형 손책의 급사로 이어받은 불안정한 가업을 안정시킨 군주였던 손권은 오나라를 새로 세우고 말년에 여러 실책을 범하기 전까지는 그래도 안정적으로 운영했습니다. 아버지와 형이 만들어준 세력을 기반으로 했고, 조조가 강남을 뒤늦게 노렸기에 손권이 시간을 벌 수 있었다는 의견도 있습니다. 그러나 개발이 덜 된 토지, 호족들과의 악연, 손책의 급사 이후 각지의 반란 등 많은 악재를 이겨내고 황제까지 오른 대단한 인물인 것은 사실입니다.

하지만 이런 손권의 평가가 좋지 않게 된 결정적 이유는 말년의 행보 때문입니다. 조조는 말년에 한중 공방전, 유비는 이릉대전 등 좋지 않은 결정을 내리기는 했지만, 손권은 이들을 뛰어넘는 남방 개척의 실패 이후 실무자들의 처형, 손권의 총애를 등에 업은 여일呂壹의 권력 남용, 이궁지쟁二宮之爭 (후계자 선정을 둔 손화와 손패의 대립) 등 여러 과오를 범하게 됩니다.

재평가가 필요한 손권

삼국지의 한 축을 차지하는 손권이지만 유비나 조조에 비해 관심을 덜 받은 것은 사실입니다. 하지만 후대에서 손권에 대한 재평가가 이루어지고 있는데, 마오쩌둥毛澤東 같은 경우 조조에 대항할 수 있는 사람은 제갈량과 손권밖에 없다며 긍정적으로 평가하기도 했습니다.

특히 손권이 닦아놓은 강남의 경제적 문화적 기반을 다져 놓은 것은 역사적으로 큰 의의가 있습니다.

　조조를 한 단어로 표현하는 말이 간웅이었고 유비는 인덕이라면 손권은 과연 어떤 한 단어의 말로 표현할 수 있을까요? 그에 대한 평가를 이 글을 읽는 독자가 직접 내려보시길 바랍니다.

킹덤 오브 헤븐^{Kingdom Of Heaven 2005} - 하틴 전투와 살라딘
Nothing...... Everything!

〈킹덤 오브 헤븐^{Kingdom Of Heaven}〉80이 넘은 고령에도 왕성한 창작 활동을 하고 있는 "리들리 스콧^{Ridley Scott}" 감독의 2005년 작품입니다. 영화는 제3차 십자군 원정 직전 불안정한 예루살렘 왕국과 살라딘과의 관계, 그리고 하틴 전투^{Battle of Hattin} 이후 예루살렘 항전을 배경으로 하고 있습니다.

성과 소품 등의 고증에 대한 평가는 좋지만, 대부분 역사 영화들처럼 등장인물들의 역사적 사실관계에 대한 고증은 문제점이 지적받는 작품이기도 합니다. 대표적인 예로 발리앙 같은 경우 원래부터 신분이 귀족이었지만, 영화에서는 대장장이 출신의 사생아로 나오며, 왕녀 시빌라와의 관계는 실제 연인이 아닌 사실상 정적에 가까운 사이였습니다.

하지만 〈킹덤 오브 헤븐〉은 한쪽 편에 치우치지 않은 결말과 두 종교 간의 반목을 비판하는 내용으로 (50여 분의 분량이 늘어난 감독판 기준) 관객과 평론가들의 호평을 받았습니다.

젊고 유능한 보두앵 4세의 죽음과
예루살렘의 분열

장기 왕조^{Zangiyün} 누르 앗 딘의 측근이었던 살라흐 앗 딘 유수프^{Selahaddin Eyyubi}, 이하 "살라딘"은 이집트의 파티마 왕조를 멸망시키고, 노쇠한 누르 앗 딘이 사망하자 그의 세력을 흡수하며 시리아 지역까지 손에 넣으며 예루살렘 왕국은 살라딘의 세력권 내에 포위되었습니다.

살라딘의 군대와 예루살렘 왕국은 1177년 몽기사르 전투^{Battle of Montgisard}에서 맞붙게 되고 이 전투에서 젊고 유능한 보두앵 4세^{Baudouin IV}의 예루살렘 왕국이 승리합니다. 하지만 보두앵 4세의 건강 문제 등으로 예루살렘 왕국은 휴전협정을 맺을 수밖에 없었고 휴전 동안 살라딘의 아이유브 제국은 장기 왕조의 잔당을 처리하며 북아프리카, 이집트, 예멘, 시리아, 이라크에 이르는 거대한 영토를 가진 아이유브 제국을 만들며 세력을 강화했습니다.

예루살렘 왕국의 운명은 사실상 보두앵 4세의 건강에 달린 것이나 다름없었는데, 그가 한센병에 걸리며 왕국은 위기에 처하게 됩니다.

살라딘이 압도적인 우위를 보이는 시점에서 전쟁을 벌이는 것은 자살행위나 다름없는 것으로 판단한 보두앵 4세는 휴전협정을 유지했으나, 그는 1185년 병으로 사망했습니다. 그 후 왕의 누이였던 시빌라^{Sibylle de Jérusale}의 어린 아들 보두앵 5세^{Baudouin V}가 왕위를 이었지만, 그 역시 1년도 안 돼 죽자 그녀의 남편인 기 드 뤼지냥^{Guy de Lusignan}에게 왕위를 넘겨줄 수 밖에 없었습니다.

보두앵 4세의 죽음과 보두앵 5세의 즉위

르노 드 샤티용(샤티용의 레날드)^{Renaud de Châtillon}, 성전기사단^{Knight Templar}등 궁정파는 새 왕이었던 기 드 뤼지냥을 지지했지만, 보두앵 5세의 섭정이었던 트리폴리의 레몽3세^{Raymond III}가 이끄는 귀족파는 새 왕에 대한 반감을 드러냈습니다. 그리고 이 둘 사이를 중재한 것은 이벨린의 발리앙^{Balian d'Ibelin}이었습니다.

하지만 기 드 뤼지냥의 편에 섰던 르노 드 샤티용은 살라딘과의 휴전협정을 깨고 이슬람의 성지인 메카와 메디나 근처까지 해적질하기도 하고, 다마스쿠스와 이집트를 오가는 이슬람 카라반을 공격하기도 했습니다. 기 드 뤼지냥은 르노 드 샤티용을 처벌하여 살라딘의 기분을 풀려 했으나 르노 드 샤티용은 처벌을 거부했습니다. 살라딘은 두 번이나 휴전협정을 어기고 이슬람의 성지를 모독한 르노 드 샤티용을 반드시 자기 손으로 목을 벨 것을 맹세했습니다.

하틴 전투의 발발
그리고 예루살렘 왕국의 대패

1187년 7월 기 드 뤼지냥은 레몽 3세와 화해하고 아크레Acre에서 군대를 합쳐 살라딘에 대응하기로 했습니다. 갈릴리 남단 세포리스에 진지를 구축한 예루살렘 왕국의 군대를 유인하기 위해 살라딘은 레몽 3세의 요새인 티베리아스를 공격해 함락시켰습니다.

하틴 전투

기 드 뤼지냥과 레몽 3세가 이끄는 예루살렘 왕국의 군대는 티베리아스를 구하기 위해 출발했는데, 사막에 강렬히 내리쬐는 햇볕은 군사들을 탈진시켰습니다. 필사적으로 진군했지만, 이들은 티베리아스까지 도달하지 못하고 '하틴의 뿔'이라 불리는 언덕 근처에 진을 차릴 수밖에 없었습니다.

살라딘의 이슬람군은 십자군의 진군로를 포위하고 보급로를 끊었습니다. 이슬람군은 밤새 병력을 충원하여 주변 포위를 강화했고, 주변에 불을 지펴 연기를 날려 보냈습니다. 보급이 끊겨 굶주리고 물을 구하지 못해 갈증에 시달리던 최악의 상황에 처한 예루살렘 왕국의 군대를 이슬람군이 공격하기 시작했습니다.

대부분의 예루살렘 왕국의 군대는 제대로 된 전투를 하지도 못한 채 몰살당했으며, 왕을 포함한 많은 귀족이 사로잡혔습니다. 기 드 뤼지냥과 르노 드 샤티용은 살라딘의 천막으로 끌려왔고 살라딘은

살라딘에게 항복하는 기 드 뤼지냥

기 드 뤼지냥이 보는 앞에서 르노 드 샤티용의 목을 직접 쳤습니다.

주력 군대를 잃은 예루살렘 왕국의 영토 대부분이 살라딘에게 정복당하거나 항복했습니다. 그리고 발리앙과 시빌라가 끝까지 사수하려 했던 예루살렘도 항복할 수밖에 없었습니다. 실제 발리앙이 살라딘과 협상할 때 영화에서처럼 "계속 공격한다면 예루살렘의 모든 것을 파괴하고 살라딘의 군대와 함께 죽겠다."라고 했다고 합니다. 결국 반 협박으로 협정은 성사되었고 군인들과 민간인의 안전을 보장받을 수 있었습니다.

그리고 유럽에도 이 소식은 알려져 예루살렘 탈환을 위한 제3차 십자군 원정이 벌어지게 됩니다.

Nothing…… Everything!

〈킹덤 오브 헤븐〉의 마지막에는 다시 대장장이로 돌아간 발리앙에게 제3차 십자군 원정을 떠나는 잉글랜드의 사자심왕^{The Lionheart}이라 불리는 리처드 1세^{Richard I of England}가 찾아와 잠시 등장하기도 합니다. 그러나 이 영화에서 가장 매력적이고 제 관심을 끌었던 인물은 예루살렘 왕국의 발리앙이나 시빌라가 아닌 바로 이슬람의 살라딘이었습니다.

서양에서는 살라딘이라는 이름으로 유명하지만, 그의 본명은 유수프^{Yousuf}입니다. 3차 십자군 원정 당시 이슬람을 이끌었던 그는 전성기에 이집트, 시리아, 예멘, 이라크, 메카, 헤자즈를 아우르는 아이유브 왕조를 세웠습니다.

그가 TIME지가 선정한 12세기의 인물로 선정될 정도로 훗날에 인정받는 이유는 지도력과 군

이집트에 보관 중인
살라딘의 동상

사적 역량을 바탕으로 이룩한 업적 이외에도 탐욕스럽고 무자비한 십자군의 군주들과 다르게 '정의와 신념'이라는 뜻을 가진 이름처럼 온건하고 약속을 잘 지키는 자비로운 군주였기 때문입니다.

특히 그는 최고의 경쟁자이자 적이었던 리처드 1세와의 관계도 특별했습니다. 둘은 직접 만난 적은 없고 주로 서신이나 편지로 교류했습니다. 물론 리처드 1세가 전장에서 자신의 병사들과 싸우는 모습을 지켜본 살라딘은 리처드 1세를 악마라 부르기도 했다고는 전해집니다. 하지만 둘은 서로를 가장 훌륭한 인물이라 칭송하고 기품 있는 관계를 유지했습니다.

리처드 1세가 다치자 살라딘은 공격을 중단하고 개인 의사를 보내 상처를 돌보게 하였고, 리처드 1세가 말을 잃자, 살라딘은 두 필의 말을 보내기도 했습니다. 이런 호의에 감복한 리처드 1세는 자기 누이와 살라딘의 동생을 결혼시키고 예루살렘은 결혼 선물로 하자는 제안을 하기도 했습니다.

결국 두 왕은 평화협정을 맺었고, 예루살렘은 무슬림이 지배하고 있긴 하지만 기독교 순례자들도 자유롭게 왕래할 수 있게 되었습니다.

〈킹덤 오브 헤븐〉에서도 살라딘의 기품은 다른 군주들과 비교됩니다. 쓰러진 십자가를 탁자 위에 올바로 세워놓는 모습은 그가 이슬람 외에 다른 종교에도 관대한 군주로 묘사됩니다. 그리고 자신의 맞수였던 보두앵 4세의 묘도 밟지 않고 지나가는 승자의 예의와 관용의 자세를 보여줬습니다.

영화에서도 실제 역사에서도 살라딘, 그의 인생은 위대한 관용과 애정으로 사람들의 신망을 얻은 그 모습 자체였습니다.

이번 글을 마치며 발리앙의 질문에 살라딘의 답으로 마무리합니다.

What is Jerusalem Worth?
예루살렘은 무엇입니까?

Nothing...... Everything!
아무것도 아니야..... 모든 것이기도 하고!

〈브레이브 하트〉Braveheart 1995 _ 윌리엄 월리스와 스코틀랜드의 독립운동
목이 터져라 외쳐본다 Freedom !!!

매드 맥스, 리셀 웨폰 등의 액션 영화에 출연했던 멜 깁슨Mel Gibson이 직접 제작하고, 감독, 주연까지 했던 〈브레이브 하트〉Braveheart는 13세기 스코틀랜드 독립전쟁의 영웅인 "윌리엄 월리스William Wallace"의 일대기를 담은 영화입니다.

그해 아카데미상의 작품상 등 주요 상을 휩쓴 〈브레이브 하트〉는 한국에서도 큰 흥행을 했는데, 저를 포함한 영화를 관람한 관객들은 잉글랜드에 저항하는 윌리엄 월리스의 모습에서 암울했던 일제강점기 때 비장한 최후를 맞이했던 독립투사의 모습을 떠올렸을 것 같습니다.

윌리엄 월리스에 대한 정확한 역사적 자료는 없어 출생일과 출생 지역은 명확하지 않습니다. 또한 그의 신분조차 정확하게 남아있는 기록이 없어 평민이었다는 기록도, 그가 하급 귀족에 속한 가문 출신이라고 주장하는 기록도 남아 있습니다.

윌리엄 월리스 동상

주로 잉글랜드의 역사 자료에서는 가난하고 무식한 무법자 같은 평민 출신으로 이야기하지만, 스코틀랜드의 역사 자료에서 그는 상당한 교양을 갖춘 하급 귀족 가문 출신으로 보고 있습니다. 아마도 윌리엄 월리스가 골치 아픈 적군이었던 잉글랜드 입장에서는 그를 폄하하고 신분을 낮추고 싶었겠지만, 스코틀랜드 입장에서는 독립전쟁 당시 승리를 가져다주었고 국민을 결집하게 만든 영웅이었기에 그가 다양한 언어를 구사하고 정규 교육을 받은 교양인이라는 기록을 남겼을 것 입니다.

에드워드 1세의 폭정 그리고 영웅의 등장

윌리엄 월리스가 활약할 시기 스코틀랜드는 왕권이 불안정한 상태였습니다. 잉글랜드의 왕이자 훗날 '스코틀랜드의 망치Hammer of the Scots'라 불리게 되는 에드워드 1세Edward I는 이런 기회를 놓치지 않았습니다. 스코틀랜드의 정당한 왕위 계승권이 없음에도 무력을 바탕으로 지배권을 차지하려 했습니다. 스코틀랜드 귀족들의 반발에 결국 1296년 에드워드 1세는 대대적인 스코틀랜드 침공을 감행해 대승을 거뒀고 반대 세력을 학살했습니다. 그리고 스코틀랜드 왕권의 상징이었던 '스콘의 돌 Stone of Scone'을 런던으로 가져가 스코틀랜드 귀족들에게 엄청난 굴욕을 주는 동시에 스코틀랜드를 지배하는 정치적인 특권을 부여받았습니다.

잉글랜드의 잔혹한 폭정과 학살에 원한과 증오를 키워가던 시기에 등장한 영웅인 윌리엄 월리스의 초기 행적은 주로 문서가 아닌 구전으로 전해져 내려오고 있습니다. 낚시하던 윌리엄 월리스에게 두 명의 잉글랜드 병사가 시비를 걸어 싸움이 일어났고 윌리엄 월리스는 그 병사들을 죽였습니다. 윌리엄 월리스에게 곧바로 체포령이 내렸고 이후 몇 차례 잉글랜드에 대한 저항운동에 참여했던 윌리엄 월리스는 래너크 Lanark 지역의 치안대장이었던 윌리엄 헤셀릭 William Heselrig 이 그의 아내였던 메리언 브레이드풋 Marion Braidfute 을 살해하자 복수를 위해 1297년 그를 살해하고 사지를 절단했다고 합니다.

윌리엄 헤셀릭을 살해한 이 사건은 윌리엄 월리스의 스코틀랜드 독립운동에 대한 기록 중 비교적 신뢰할 만한 첫 번째 행적입니다.

그 후 윌리엄 월리스는 매복하고 있다 잉글랜드 군을 공격하고 후퇴하는 소위 '치고 빠지는' 게릴라 작전을 통해 승리를 이끌던 윌리엄 월리스는 스콘^{Scone}의 윌리엄 더글러스$^{William\ Douglas}$와 힘을 합쳐 애버딘^{Aberdeen}, 퍼스^{Perth}, 글래스고우^{Glasgow}, 스콘, 던디^{Dundee} 등을 해방했습니다.

윌리엄 월리스의 위대한 승리!
스털링 다리 전투

이후 윌리엄 월리스는 스털링^{Stirling}에서 잉글랜드에 대한 저항 운동 중인 귀족 앤드루 모레이$^{Andrew\ Moray}$와 연합했습니다. 그동안 게릴라 전술을 펼치던 윌리엄 월리스도 제대로 된 편제를 갖춘 군대의 모습을 갖추게 되

스털링 다리 현재의 사진

었으며, 월리스와 모레이 연합군은 1297년 9월 11일 스털링에 있는 포스강 근처에 있는 작은 다리 근처에서 잉글랜드 군을 마주하게 되었습니다.

이 전투가 바로 스털링 다리 전투 $^{Battle\ of\ Stirling\ Bridge}$인데, 그동안 스코틀랜드 귀족들에게 손쉬운 승리를 거둔 잉글랜드 군은 스털링에 있는 군대 또한 오합지졸들이 모여 있을 것으로 생각했습니다. 하지만 이전에 그들이 상대했던 스코틀랜드의 군대들과 이번에는 달랐습니다.

강 북부 연안의 평평한 지역을 장악한 스코틀랜드는 이미 단단한 방어 태세 (창병으로 밀집 진형을 갖추는 쉴트런schiltrons)를 갖추고 있었습니다. 잉글랜드가 자랑하는 궁수들이 다리를 건너려 할 때 스코틀랜드 군은 필사적으로 그들을 막았고, 이어 기병대와 보병대가 다리를 건널 때 스코틀랜드 창병의 본격적인 공격이 시작됐습니다. 유리한 지형에서 맹공을 퍼붓는 스코틀랜드 군의 공세에 당황한 잉글랜드 군은 분산되기 시작했고, 포위된 아군을 구하려다 오히려 중무장 기병대 또한 스코틀랜드군의 창날에 갇히는 아비규환의 상황이 벌어졌습니다.

특히 이 전투에서는 보병의 피해는 물론 귀족들의 피해도 컸습니다. 잉글랜드 군의 지휘관이었던 휴 드 크레싱햄Hugh de Cressingham은 살해되어 가죽이 벗겨지고, 조각난 그의 몸은 스코틀랜드 군 승리의 전리품이 되었습니다.

스털링 다리 전투의 승리가 스코틀랜드 독립전쟁에 절대적인 영향을 미치지는 못했지만, 윌리엄 월리스는 스코틀랜드의 수호자Guardian of Scotlan 칭호를 받게 되었다. 더 많은 민중이 윌리엄 월리스를 따르는 계기가 되었습니다. 하지만 이 전투에서 동료이자 함께 지휘했던 앤드루 모레이가 치명적인 상처를 입고 두 달 후 패혈증으로 사망하게 됩니다.

사기가 오른 스코틀랜드 군은 거침없었습니다. 그 후 반년여 동안 윌리엄 월리스는 잉글랜드 북부를 침공했습니다. 특히 잉글랜드의 요크^{York} 성을 함락시키고 성주였던 에드워드 1세의 조카를 죽여 그 목을 에드워드 1세에게 보냈습니다.

스털링 다리 전투 당시 프랑스군과 싸우고 있던 에드워드 1세는 분노하여 즉시 스코틀랜드에 대한 2차 원정을 준비했습니다. 그는 스코틀랜드의 귀족들을 소집했는데 이에 불응하는 자는 잉글랜드의 적으로 간주했습니다.

1298년 7월 장궁을 쓰는 궁수, 기병, 보병 등의 대규모 병력을 이끈 에드워드 1세가 이끄는 잉글랜드 군이 드디어 북쪽으로 진군하기 시작했습니다. 그리고 윌리엄 월리스가 폴커크^{Falkirk} 근교의 칼렌더^{Callendar} 숲에서 잉글랜드 군을 공격할 준비를 하고 있다는 정보를 얻게 되었습니다.

스코틀랜드의 수호자에서 물러나다

그리고 1298년 7월 22일 폴커크에서 잉글랜드는 스코틀랜드 군을 마주하게 됩니다. 스코틀랜드의 보병과 잉글랜드 장창병의 충돌로 시작된 이 전투는 압도적인 병력의 차이도 있었지만, 잉글랜드의 압승으로 끝이 났습니다.

스코틀랜드 군은 스털링 다리 전투에서 잉글랜드 군에서 악몽을 선사했던 창병으로 밀집 진형을 구성하는 쉴트런 진형을 구축했습니다. 이 진형은 잉글랜드의 기마병을 방어하는 데 효과적이기는

폴커트 전투 기념비

했지만, 방어가 중심이기 때문에 고립되고 후퇴하기도 힘든 갇혀버린다는 치명적인 단점이 있었습니다. 고립된 스코틀랜드의 장창 병들과 보병들은 잉글랜드 궁수들이 난사하는 화살 비에 속수무책이었습니다. 특히 장창병들은 화살을 보호할 별다른 방어구도 없었기에 더 치명적이었습니다. 이 전투는 잉글랜드 장궁수가 끌어낸 승리라고 해도 과언이 아니었습니다.

쉴트런 진형이 무너질 때까지 대기하고 있던 잉글랜드의 기마병들은 난사하는 화살비 속에서 진형이 무너지고 벌어진 스코틀랜드 군을 향해 돌격하였습니다. 결국 윌리엄 월리스 군대는 병력의 3분의 1 정도 되는 잔여 병력과 함께 도망칠 수밖에 없었습니다.

폴커크 전투는 잉글랜드와 에드워드 1세의 완벽한 승리였습니다. 윌리엄 월리스에게 내려졌던 스코틀랜드 수호자 직은 박탈되었고,

그는 한순간에 영웅에서 지명수배자가 되었습니다. 그러나 이 전투의 패배가 스코틀랜드에 미친 가장 큰 영향은 윌리엄 월리스와 민중이 중심이 되던 스코틀랜드 독립전투가 이제 귀족들의 손에 넘어가게 되었습니다.

영화 브레이브 하트에서는 폴커크 전투 패배의 원인을 스코틀랜드 귀족들의 배신으로 표현하는데, 물론 에드워드 1세에 굴복한 스코틀랜드 귀족들의 전투 불참도 원인이 되겠지만 실제 역사 자료로 추측하자면 장궁의 강함을 제대로 파악하지 못한 윌리엄 월리스의 지휘관으로서 전술 실패로 봐야 할 것입니다.

지명수배자가 된 윌리엄 월리스는 잉글랜드와 적대적인 프랑스와 로마의 교황청 등에 스코틀랜드 독립을 호소했지만 큰 도움은 받지 못했습니다. 그리고 지명 수배된 지 7년째인 1305년 8월 글래스고 근방의 로브로이스턴에서 스코틀랜드의 기사 존 드 멘티스[John de Menteith]에게 붙잡혀 잉글랜드로 넘겨졌습니다.

스코틀랜드 독립 영웅의 최후

그 이후의 행적은 영화와 유사합니다. 런던으로 압송된 윌리엄 월리스는 재판에서 에드워드 1세를 자신이 섬기는 왕으로 인정하지 않았으며 예상대로 살인과 반역죄로 사형을 선고받았습니다. 윌리엄 월리스는 재판이 열린 웨스트민스터 홀$^{Westminster\ Hall}$에서 끌어내려져 옷이 벗겨진 채 조리돌림 당하며 말에 끌려 다니다 스미스필드 마켓$^{Smithfield\ Market}$에 도착했습니다.

그는 사지가 묶인 채 네 조각으로 찢어지기 직전까지 당겨졌다 풀어지며 온몸이 하나씩 망가지기 시작했습니다. 하지만 그의 고통은 여기서 멈추지 않았습니다. 그는 거세되고 장기는 도려져 불태워졌으며 머리가 잘린 뒤 몸은 네 조각으로 나뉘어 4개 지역(뉴캐슬^{Newcastle}, 버윅^{Berwick}, 스털링^{Stirling}, 애버딘^{Aberdeen})에 나뉘서 전시되었습니다. 글로만 보아도 그의 처형은 잔인하고 끔찍합니다. 잉글랜드와 "에드워드 1세"가 "윌리엄 월리스"를 얼마나 증오했는지 그의 처형만 봐도 느껴집니다.

윌리엄 월리스 재판 모습

실제 그가 영화에서처럼 죽기 전 자유^{Freedom}를 외쳤는지 정확히 기록에 남아있지 않습니다. 하지만 그가 이미 죽음을 예상해서 그랬을 수도 있었지만, 그는 끝까지 잉글랜드와 에드워드 1세를 인정하지 않았던 것만큼 사실입니다.

하지만 그의 죽음이 스코틀랜드 독립의 도화선이 된 것은 분명합니다. 그의 비참한 죽음, 이후 끔찍하게 분리돼 전시된 그의 몸들에 스코틀랜드 민중이 분노하고 봉기했습니다. 결과적으로 폴커크 전투의 완패로 스코틀랜드 독립운동의 기세는 잠시 꺾였지만, 그의 죽음으로 다시 불타오르는 계기가 되었습니다.

〈브레이브 하트〉와 스코틀랜드의 영웅 윌리엄 월리스를 통해 보여주는 것은 바로 자유를 얻기 위해 엄청난 희생과 피를 흘렸다는 것입니다. 한국에도 일본으로부터의 독립, 그리고 우리의 자주^{自主}를 위해 희생과 열정을 바치신 분들이 많습니다. 왜 그들은 '자유' 때문에 자신의 모든 것, 심지어 생명까지 희생하며 투쟁했을까요?

진정한 '자유'의 의미가 무엇인지 그리고 그 소중함에 대해 한 번 더 생각해 봐야 할 것입니다.

더 킹 : 헨리 5세 The King 2019 _ 아쟁쿠르 전투
젊고 야심찬 왕, 그리고 단명한 왕

  영국은 유럽뿐만 아니라 다른 어느 나라보다 왕에 관한 영화나 드라마가 많이 제작되었습니다. 영국이라는 나라가 세계사에서 보여주는 영향력과 상징성도 있겠지만, 종교개혁 그리고 6번의 결혼생활을 하며 2명의 왕비를 처형한 헨리 8세Henry VIII, 그리고 그녀의 딸이자 평생 미혼으로 살며 처녀왕이라 불린 엘리자베스 1세Elizabeth I 등 극적인 사건들의 중심에 있는 군주들이 많았기 때문입니다.

  이번에 소개하는 헨리 5세Henry V도 앞에 언급한 왕들처럼 드라마 같은 삶을 살았습니다. 최근 할리우드에서 가장 주목받는 젊은 배우 중 한 명인 "티모시 샬라메Timothée Chalamet"가 헨리 5세로 출연한 〈더 킹 : 헨리 5세 The King〉는 그의 인생 중 가장 빛나는 순간이었던, 영국 군사 역사상 가장 결정적인 승리 중 하나로 찬양받는 '아쟁쿠르 전투'를 주

내용으로 다룬 영화입니다.

준비된 젊은 국왕

영화 〈더 킹 : 헨리 5세〉에서 헨리 5세는 왕이 되기 전 나태하고 방탕한 생활을 했던 것처럼 묘사했지만 실제 헨리 5세는 그렇지 않았습니다. 오히려 그의 아버지인 헨리 4세^{Henry Ⅳ}가 왕이 되기 전 방탕한 생활을 했던 것으로 셰익스피어의^{William Shakespeare} 작품에서는 묘사되었습니다.

1387년 헨리 4세의 맏아들로 태어난 헨리 5세는 독서 그리고 음악을 좋아하던 영특한 소년이었습니다. 10대 때부터 아버지를 따라 여러 차례 웨일스^{Wales} 원정을 다니며 다양한 전투 경험을 쌓았는데, 어린 시절부터 전쟁터에서 활약이 대단했다고 전해지고 있습니다.

헨리 5세

특히 아버지가 병에 들었을 때 국왕 자문회의를 운영할 정도로 성실하며 문무를 겸비한 헨리 5세는 오죽했으면 그의 아버지인 '헨리 4세'가 그의 능력을 시기 질투하고 견제했을 정도였습니다.

헨리 4세가 오랜 지병으로 사망하자 25세의 나이에, 왕위에 오른 헨리 5세는 그동안의 경험을 살려 탁월한 지도력을 과시했습니다. 통치 초기, 반란을 모색하던 롤라드^{Lollardy}파를 무자비하게 진압해 왕권을 안정시킨 것은 물론 어린 시절부터 쌓았던 전쟁 경험을 바탕으로 뛰어난 지휘관의 모습까지 보였습니다.

그렇게 내적 왕권 강화를 이룬 야심 찬 젊은 왕의 다음 목표는 바로 프랑스의 영토를 되찾는 것이었습니다. 그가 프랑스 원정을 시도했던 이유는 크게 두 가지인데, 프랑스 영토를 수복하여 자신에 대한 부정적인 잉글랜드의 민심을 돌리려는 이유와 당시 프랑스의 군주인 샤를 6세$^{Charles\ VI}$가 조현병 증세를 보여 왕권이 약화된 것은 물론 프랑스의 군사력이 상대적으로 취약한 상황이었기 때문입니다.

헨리 5세는 전쟁의 명분을 만들기 위해 샤를 6세의 딸 카트린^{Catherine}과의 결혼, 노르망디^{Normandie}, 투렌^{Touraine} 등의 지역에 대한 주권을 요구했습니다. 당연히 프랑스는 이런 터무니없는 요구를 받아들이지 않았고, 잉글랜드에 다른 제안을 제시했습니다.

하지만 이미 프랑스 침공을 결심한 헨리 5세는 프랑스의 조건을 거절하고 프랑스가 거부했던 요구를 다시 제안하며, 프랑스가 거부할 경우 무력을 행사할 것이라 압박했습니다.
영국의 귀족들과 주교뿐만 아니라 백성들도 프랑스와 전쟁을 반대하지 않았으며, 오히려 젊고 야심 있는 왕에 대해 지지를 선언하며 대규모의 프랑스 원정대가 편성되었습니다.

아쟁쿠르 전투의 발발

1415년 8월 헨리 5세는 중무장 기병, 궁수, 포병대 등으로 구성된 약 10,000명의 병력으로 프랑스를 침공했습니다. 아르플뢰르Harfleur 공방전에서 승리를 받아내긴 했지만, 겨울이 다가오고 있어 아르플뢰르를 벗어나 프랑스 북부의 잉글랜드 거점인 칼레Calais로 퇴각하기로 했습니다.

프랑스는 잉글랜드가 칼레로 돌아가 세력을 회복하기 전에 섬멸하고자 병력을 소집했습니다. 그렇게 양국이 만난 곳은 프랑스 북부의 작은 마을 아쟁쿠르였고, 당시 잉글랜드의 병력은 약 6,000명, 프랑스는 20,000명으로 추정됩니다.

〈더 킹 : 헨리 5세〉는 이런 아쟁쿠르 전투를 상당히 잘 묘사한 작품이라 생각합니다. 물론 영화에서 이 전투의 결정적 승리를 이끈 인물로 등장하는 "존 팔스타프"라는 인물에 대한 논란이 있긴 합니다.

전투가 벌어지기 전 병력의 차이는 물론 아르플뢰르 공성전 이후 병력이 감소하고 이동하면서 피로, 전염병 등으로 상황이 좋지 않았던 잉글랜드에 비해 더 많은 수의 중무장한 부대를 보유한 프랑스의 우세가 점쳐졌습니다.

프랑스의 기병대가 잉글랜드 궁수들에게 돌진하고 쇠뇌수들이 지원 사격을 하는 동안 프랑스의 주력 부대인 중보병대가 잉글랜드의 본진을 포위해 섬멸

아쟁쿠르 전투

하려던 프랑스의 예상과 다르게 영화에서처럼 예상을 깨고 잉글랜드 군이 먼저 프랑스 기병대에 진격하고 프랑스군이 이에 대응하며 전장으로 나섰을 때 프랑스가 가장 두려워하던 잉글랜드의 숙련된 장궁수들의 화살이 발사되었습니다.

또한 간밤에 내린 비는 전장을 질척으로 만들었고, 이런 진창 위에서 프랑스 기병들은 제대로 된 진열을 유지하기조차 쉽지 않았습니다. 결국 프랑스가 자랑하던 기병들은 장궁수들이 퍼부어대는 끔찍한 화살과 대기병 말뚝을 돌파하지 못하고 허무하게 패주할 수 밖에 없었습니다.

헨리와 카트린의 결혼 사진

그 후 프랑스의 중무장한 보병들이 진격하기는 했지만, 장궁수들의 지원 사격을 받는 잉글랜드의 보병들에게 2배 이상 숫자의 프랑스 보병들은 일방적으로 학살 당했습니다.

이 전투로 프랑스군은 7,000여 명 이상의 전사자와 포로를 남겼고, 수많은 귀족이 포함되어 있었습니다. 결국 프랑스는 헨리 5세와 프랑스의 왕 샤를 6세의 딸인 카트린 공주와의 결혼 그리고 이들 둘 사이에서 태어난 아들이 잉글랜드와 프랑스의 왕이 되는 트루아 조약 Treaty of Troyes에 동의할 수밖에 없었습니다.

야심 차고 용맹한 젊은 잉글랜드의 왕은 승자가 되었습니다.

모든 점에서 열세였던 잉글랜드가 대승을 거둘 수 있었던 이유는 과연 무엇이었을까요? 많은 군사 전문가들은 그 이유를 잉글랜드 군에게 유리했던 지형 때문이라는 의견이 주류입니다.

좁은 전장의 지형은 모든 병력이 투입되어 싸울 수 있는 공간이 아니었고, 잉글랜드 장궁수들이 백병전에 참여했을 때 지나치게 밀집되어 있던 프랑스의 보병들은 자신들의 무기를 제대로 사용하지 못하는 상황이었습니다. 오히려 뒤로부터 밀려오는 병력은 앞선 병력의 전투를 방해할 뿐이었습니다.

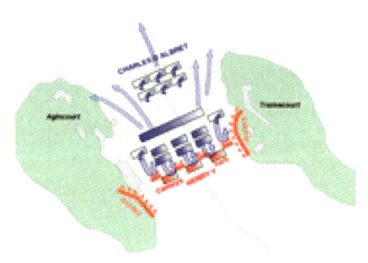

아쟁쿠르 지형 이미지

또한 영화에서처럼 진창인 상황에서 무릎까지 내려오는 긴 갑옷으로 중무장한 프랑스의 기병과 보병들은 한 번 쓰러지면 다시 일어서 싸우기 힘들었을 것입니다. 그들의 이동에는 제한이 있을 수밖에 없었고 상대적으로 가볍게 무장한 잉글랜드의 궁수들이 백병전에 참여했을 때 프랑스의 중무장한 병사들은 당해낼 수 없었습니다.

젊은 왕의 아쉬운 죽음

잉글랜드를 넘어 프랑스의 왕위까지 계승할 것만 같았던 헨리 5세는 비교적 젊은 나이인 35세에 프랑스 원정에서 이질로 사망했습니다. 헨리 5세의 갑작스러운 죽음은 '잔 다르크[Jeanne d'Arc]의 등장과 백년 전쟁[the Hundred Year's War],의 패배', '왕권 약화로 인한 장미 전쟁[Wars of the Roses]' 등 큰 역사적 사건들의 발단이 되었습니다.

헨리 5세가 건강을 유지했으면 역사는 과연 어떻게 되었을까요? 아마도 저를 포함한 많은 역사 애호가의 큰 궁금증 중 하나는 "만일 헨리 5세가 살아 있어 잔 다르크와 전장에서 마주쳤다면 누가 이겼을까?" 일 것입니다.

물론 그 답은 아무도 모릅니다.

하지만 어렸을 때부터 전장에서 자란 용맹한 지휘관인 헨리 5세가 살아 있었다면 백년 전쟁은 그렇게 프랑스의 승리로 끝나지 않았을 수도 있었을 것이며, 현재 프랑스와 영국의 역사도 많이 바뀌지 않았을까요?

역사에서 만일이란 있을 수 없지만, 야심차고 용맹한 젊은 왕의 때 이른 죽음에 대해 많은 생각이 듭니다.

〈아포칼립토〉^{Apocalypto 2006} _ 인신 공양 그리고 콩키스타도르
문명은 언제 붕괴되는가?

멜 김슨^{Mel Gibson} 감독의 〈아포칼립토〉는 16세기 마야^{maya} 문명의 종말기를 배경으로 추격전을 담은 액션 영화입니다.

영화의 대략적인 줄거리는 자연과 하나가 되어 평화롭게 살아가던 재규어 발의 부족에 어느 날 갑자기 외부인들의 무리가 쳐들어옵니다. 그들은 부족장인 재규어 발의 아버지 등 많은 부족원을 죽이고 부족의 생존자들을 어디론가 끌고 갑니다. 다행히 재규어 발은 잡히기 전 만삭의 아내와 어린 아들을 깊은 구덩이에 숨깁니다.

재규어 발과 그들의 부족이 끌려간 곳은 거대한 피라미드가 있는 마야의 문명 도시였습니다. 여자들은 노예로 팔리고 남자들은 피라

미드 꼭대기로 끌려가 잔인하게 살해되며 그들이 믿는 신에게 제물로 바쳐졌습니다. 재규어 발의 차례가 왔을 때 마침 일식이 시작되고 제사장은 신들이 만족한다며 그와 남은 포로들을 살려주는 것 같았습니다.

하지만 그들이 끌려간 곳은 포로 처리장이었습니다. 마야인들은 포로들을 도망치게 한 뒤 창이나 화살 등을 던져 죽이는 인간 사냥을 했습니다. 재규어 발은 옆구리에 창을 맞기는 했지만 앞서 창에 맞아 치명적인 상처를 입었던 부족 친구의 도움으로 탈출하게 됩니다. 그러나 이때 마야족 전사 대장의 아들을 죽이게 되고, 분노한 마야 전사들의 추격을 받게 됩니다.

깊은 구덩이에 있는 만삭의 아내와 어린 아들을 구하기 위해 재규어 발은 자기 부족이 살던 마을을 향해 달렸습니다. 드디어 익숙한 정글에 도착한 재규어 발은 자연을 이용해 반격하기 시작했습니다. 마지막 남은 두 명의 전사에게 도망치다 해변에 도착한 재규어 발과 두 명의 전사는 무언가를 보고 충격을 받습니다. 그들이 본 것은 바로 스페인 콩키스타도르conquistador의 함선이었습니다.

아내와 아들을 구한 재규어 발은 콩키스타도르를 바라보며 저들에게 가야 하나 묻는 아내에게 우린 숲으로 돌아가야 한다면서 깊은 숲속으로 들어가며 영화는 끝납니다.

마야문명의 재단

아포칼립토에서 가장 충격적인 장면 두 가지 중 첫 번째는 인신 공양의 잔인함과 두 번째는 결말에서 생각지도 못한 콩키스타도르의 등장이었습니다. 아포칼립토에서는 이 두 가지에 대해 간단히 이야기해 보려 합니다.

인신 공양人身 供養은 제사에서 공양의 희생물 또는 제물로 살아있는 사람을 바치는 것을 말합니다. 잉카, 이집트, 그리스와 로마, 중국 등 고대 문명에서부터 존재했던 것으로 알려져 있으며 인권에 대한 개념이 희박하던 고대에 지역, 종교, 인종을 가리지 않고 나타나는 풍습이었습니다.

아포칼립토에서는 마야족의 인신 공양에 대해 나오는데, 실제 마야족에서 인신 공양은 있었고 영화에서처럼 사냥한 인간 제물들의 몸에 마야 블루maya blue라 불리는 하늘색 염료를 바르고 바쳐졌다고 합니다. 하지만 인신 공양하면 아마 많은 분이 아즈텍 제국을 떠올릴 것입니다.

 아즈텍뿐만 아니라 마야 등 메소아메리카^{Mesoamerica}는 인신 공양이 많이 일어나는 지역이었습니다. 그중 특히 아즈텍이 인신 공양으로 꼽히는 이유는 인신 공양에 대한 역사적 기록이나 흔적이 남아있는 유적지가 많이 남아있기 때문입니다.

 아즈텍에서는 거의 매일 같이 인신 공양이 이루어졌다고 합니다. 타 부족의 포로, 여성, 어린아이 등 인신 공양의 대상도 다양했습니다. 하지만 그들의 공통점은 심장이 적출되거나 피부가 벗겨지거나 참수되는 등 잔혹한 방식으로 살해된 뒤 제물로 바쳐졌다는 것입니다.

인신 공양 이미지

 이런 인신 공양을 했던 원인은 여러 가설이 존재하는데 그중 유력한 가설 중 하나는 재러드 다이아몬드^{Jared Mason Diamond}의 책 〈총, 균, 쇠^{Guns, Germs, and Steel}〉에 보면 뉴기니의 식인이 퍼진 궁극적인 이유가 단백질 부족 때문이라 했는데 개와 칠면조 정도를 제외하면 단백질을 공급할 대형 초식동물이 없던 아즈텍 또한 단백질을 보충하기 위해 인육을 먹었다는 것입니다. 특히 신에게 바쳐진 인육을 먹음으로써 신을 먹는 것과 같다는 신과의 합일로 보는 아즈텍 문화의 영향으로 식인에 대한 거부감이 없었으리라는 내용이 스페인 선교사들의 기록에도 남아있습니다.

그리고 인신 공양의 또 다른 목표는 부족의 단합, 정권을 유지하기 위한 수단 등으로 파악되기는 하지만 가장 큰 이유는 역시 종교였습니다. 그 당시 사람들이 가장 두려워했던 것은 자연재해나 기후에 따른 흉년에 의한 굶주림에 대한 공포였습니다. 이런 기근은 식인 문화를 만들었고 종교를 통해 식인에 대한 죄책감을 없앴을 거라 추측합니다.

결과적으로 아즈텍에 식인이 끝나게 된 계기는 아즈텍을 점령한 스페인인들이 사육 난이도가 낮고 번식률이 높은 돼지를 구해서 키움으로서 단백질의 공급을 해줬고, 스페인의 지시로 식인이 금지되었기 때문입니다. 그리고 예상보다 빠르게 식인이 멈춰진 계기 중 하나는 바로 종교적인 이유였는데, 아즈텍을 포함한 메소아메리카 지역에 가톨릭이 빠르게 녹아들었기 때문입니다.

그럼 아포칼립토 영화에서 저를 두 번째로 놀라게 한 콩키스타도르에 대해 간단히 알아보겠습니다.

콩키스타도르^{Conquistador}는 스페인어로 "정복자"를 의미합니다. 15세기부터 17세기에 이르는 스페인과 포르투갈의 탐험 과정에서 등장한 정복자들을 가리지만 보통 아메리카를 침략한 스페인 정복자를 뜻합니다.

크리스토퍼 콜럼버스가 '인도'를 발견하고 인도에는 금과 은이 잔뜩 쌓여있다는 소문이 났습니다. 용병들은 배를 사고 금을 찾아 신대륙으로 모험을 떠났습니다. 수백 명의 스페인 용병들은 아즈텍, 잉카^{Inca}, 마야 등 원주

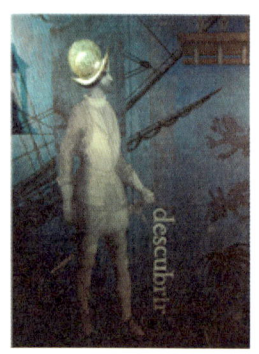

박물관에 전시된 콩키스타도르의 투구

민들을 학살하고 중앙아메리카부터 남아메리카 전역에 이르는 스페인 식민제국을 건설하게 됩니다. 이들은 원주민들을 약탈하고 학살했습니다. 수적 열세에도 불구하고 콩키스타도르가 승리하게 된 직접적인 원인을 총기, 철제 무기, 그리고 유럽에서 건너온 전염병을 그 이유로 듭니다.

아직 주요 무기가 나무나 돌이고 가죽이나 직물로 된 갑옷을 입는 등 석기 또는 청동기 수준을 벗어나지 못한 문

코르테스

명의 수준을 가진 원주민들은 화약과 철제 무기와 갑옷으로 무장한 콩키스타도르에게 상대가 되지 못했습니다. 그리고 오랫동안 고립되어 있던 그들에게 스페인에서 가져온 천연두 같은 전염병은 치명적이었을 것입니다.

결국 아즈텍 문명은 코르테스^{Hernán Cortés}에게 파괴되었고, 잉카의 원주민들은 피사로^{Gonzalo Pizarro}에게 학살되었습니다. 가톨릭과 스페인에 저항하는 원주민들을 반역자, 이교도라 하며 죽이거나 노예로 삼았습니다.

문명은 과연 언제 붕괴하는 것일까요?

아포칼립토는 미국의 역사학자 윌 듀란트^{Will Durant}가 했던 말인 "거대 문명은 내부에서 스스로 파괴할 때까지 외부로부터 정복되지 않는다." A great civilization is not conquered from without until it has destroyed itself from within 라는 말을 인용하며 시작합니다.

아즈텍, 마야, 잉카 같은 문명이 과연 스스로 무너지고 파괴해서 콩키스타도르로 대표되는 외부 세력에 무너졌을까요? 침략자들의 정복 행위를 합리화 하는 것은 아닌지 하는 생각을 하며 마무리 합니다.

천일의 앤 Anne of the Thousand Days 1969 _ 앤 불린

왕자를 너무 얻고 싶었던
호색한 왕의 불쌍한 두 번째 왕비

　천일의 앤은 영국의 왕비였으나 간통과 근친상간의 오명을 쓰고 처형된 앤 불린^{Anne Boleyn}을 주인공으로 한 영화입니다. 헨리 8세^{Henry VIII}와 앤 불린을 다룬 영화, 드라마는 많지만 비교적 오래된 영화인 천일의 앤을 선택한 이유는 이 영화가 미디어믹스^{media mix}로는 앤 불린을 주인공으로 한 최초의 작품이기도 하지만, 몇 년 전 EBS에서 방영할 때 앤 불린 역을 맡은 쥬느비에브 뷰졸드^{Geneviève Bujold}의 독특하고도 묘한 매력에 제가 푹 빠졌기 때문입니다. 그녀는 이 영화로 골든 글로브에서 여우주연상 수상을 그리고 아카데미에서 여우주연상 후보에 오르며 스타덤에 오르게 됩니다.

　앤 불린은 헨리 8세의 두 번째 왕비이자 엘리자베스 1세^{Elizabeth I}의 어머니입니다. 앤 불린이 지금까지도 사람들에게 회자되고 인지도가 높은 이유는 그녀의 인생 자체가 한 편의 드라마 같았기 때문입니다.

앤 불린은 7세에 이미 5개 국어를 능통하게 할 정도로 총명하며 재치있는 성격이라 사람들에게 인기가 많았습니다. 게다가 외교관이던 아버지를 따라 프랑스에서 지낼 때 왕가 여인들의 예절을 배워 여성적인 매력 또한 뛰어났다고 합니다. 그녀는 15살이 되던 해 영국으로 다시 돌아와 헨리 8세의 첫 왕비였던 캐서린$^{Catherine\ of\ Aragon}$ 왕비의 시녀가 됩니다.

궁에서 생활하던 앤 불린은 자신보다 뛰어난 가문의 후계자 헨리 퍼시$^{Henry\ Percy}$를 만나 사랑에 빠져 결혼을 약속했지만, 두 사람의 신분 차이와 토머스 울지$^{Thomas\ Wolsey}$ 추기경의 반대로 결혼은 무산됩니다.

앤 불린은 금발의 푸른 눈을 가진 전통적인 유럽의 미인상은 아니었지만, 흑발에 까만 눈이 매력적이었습니다. 당시 유행을 선도하던 프랑스 궁에서 교육받으며 몸에 밴 기품과 재치 있는 입담은 외모보다 더욱 그녀의 매력을 돋보이게 했습니다. 그녀의 언니인 메리 불린$^{Mary\ Boleyn}$을 정부로 둔 적이 있는 헨리 8세는 앤 불린의 매력에 빠져 그녀 또한 정부로 삼으려 했습니다.

앤 불린의 초상화

결혼을 위해 종교개혁을 하다

하지만 앤 불린은 왕의 유혹을 거절하며, 정식으로 결혼하기를 원했습니다. 결국 앤 불린에게 푹 빠졌고, 자신에게 아들을 낳아줄 젊은 여인이 필요했던 헨리 8세는 캐서린 왕비와의 혼인을 무효화 해줄 것을 교황에게 요청합니다. 7년에 걸친 캐서린 왕비의 저항, 로마 교황청의 끈질긴 반대 끝에 결국 헨리 8세는 잉글랜드 교회를 로마에서 분리하고 스스로 교회의 우두머리가 되는 수장령Acts of Supremacy을 선포하며 캐서린 왕비와의 결혼을 무효로 만들었습니다.

1533년 1월 헨리 8세와 앤 불린은 드디어 정식으로 결혼식을 올립니다. 당시 앤 불린은 이미 임신한 상태였고, 6월 잉글랜드의 왕비로 즉위합니다. 헨리 8세는 배 속의 아이가 자신이 고대하던 아들이라 굳게 믿었지만, 그해 9월, 앤 불린은 딸을 출산하게 됩니다. 그리고 그 딸은 훗날 여왕이 되는 엘리자베스 1세입니다. 아들이길 기대했던 헨리 8세는 실망했지만, 곧 아들도 생길 것이라며 희망을 잃지 않았습니다.

헨리 8세와 앤 불린

하지만 엘리자베스 1세를 낳은 이후 앤 불린의 운명은 가파른 내리막길을 걷게 됩니다. 앤 불린은 여러 번 유산을 반복했고, 헨리 8세와 말다툼은 잦아졌습니다. 그러는 사이 헨리 8세의 마음도 앤 불린에게 멀어지기 시작했습니다.

헨리 8세가 앤 불린의 하녀인 제인 시모어^{Jane Seymour}에게 점점 관심을 두기 시작하며, 열렬한 사랑의 결실은 고작 천일 만에 파국을 맞게 됩니다. 두 사람이 파국을 맞게 된 원인은 앤 불린이 아들을 낳지 못해 헨리 8세의 애정을 잃었고, 앤 불린의 정적인 토머스 크롬웰^{Thomas Cromwell}이 제인 시모어를 지지하면서 앤 불린과 그녀 가문의 몰락을 도모했기 때문입니다.

런던탑에 갇힌 앤 불린

결국 앤 불린과 그녀의 동생 조지 불린^{George Boleyn}에게 간통과 근친상간을 했다는 누명을 씌운 뒤 런던탑에 감금했습니다. 심지어 헨리 8세는 앤 불린이 마녀의 마법을 써서 자신을 사랑에 빠지게 했다며 둘의 사랑을 부정하기도 했습니다. 결국 재판에서 앤 불린은 사형을 선고받았고 동생 조지 불린이 처형당한 이틀 후인 1536년 5월 19일 런던탑에서 참수되었습니다. 그녀는 사형당하기 전 '자신은 정당한 이유로 처형을 당하는 것이고, 왕은 잘못이 없으니 충성을 다해달라'는 연설을 한 뒤 "주님께 제 영혼을 맡깁니다." 라는 말을 마지막으로 남겼습니다.

그녀에 대한 후대의 평가는 여전히 상반되기도 합니다. 그 대표적인 예는 그녀가 등장하는 창작물만 봐도 알 수 있는데, 천일의 앤에서 헨리 8세에게 버림받은 가련한 여왕으로 그려지기는 하지만, 마냥 가련하고 착한 여인으로 묘사되지는 않습니다. 특히 헨리 8세가 제인 시모어에게 관심을 가지며 한눈을 팔자 자신의 딸 엘리자베스의 계승권을 보장받기 위해 정적을 다 죽이려는 독한 모습을 보이기도 합니다.

런던탑에 갇힌 앤 불린

많은 사람이 앤 불린에 대해 알게 된 드라마 튜더스에서는 야심 찬 여인으로 나옵니다. 자신의 야망을 위해서라면 헨리 8세에게도 굽히지 않는 모습을 보입니다. 특히 한때는 아군이었다가 정적이 된 토마스 크롬웰과는 한 치의 양보도 없이 사사건건 충돌하는데, 이때 앤 불린의 모습은 지적이며 계산적으로 느끼기도 했습니다.

나탈리 포트만^{Natalie Portman}이 앤 불린, 스칼렛 요한슨^{Scarlett Johansson}이 메리 불린^{Mary Boleyn}으로 출연하는 천일의 스캔들이라는 영화도 있는데, 이 영화는 고증도 엉망이고 내용도 막장이라 그다지 이야기하고 싶지 않습니다.

장희빈과의 평행 이론

앤 불린과 관련하여 또 한 가지 재미있는 건 바로 우리나라의 장희빈(장옥정張玉貞) 평행 이론이라 할 만큼 비슷한 점이 많다는 것입니다. 장희빈 아버지의 직업은 역관이었고, 앤 불린의 아버지 직업 역시 외교관이었습니다. 그리고 장희빈은 궁녀로 앤 불린은 캐서린 왕비의 시녀로 궁 생활을 시작해 둘 다 아이를 낳지 못하는 왕비(인현왕후, 캐서린 왕비)를 밀어내고 왕비가 되었다가 남편인 왕의 명령으로 죽었습니다. 더욱 놀라운 건 둘 다 자식이 왕(경종, 엘리자베스 1세)이 되었는데 후손을 남기지 못하고 죽었다는 점까지도 똑같습니다.

물론 장희빈과 앤 불린 둘이 같은 인생을 살았다고 말할 수는 없으며 우연의 일치를 끼워 맞춘 것에 불과하지만, 너무도 유명한 링컨과 케네디 대통령의 평행이론 등은 읽어보면 신기하기도 하고 재미있습니다.

역사는 현재와 과거의 끊임없는 대화입니다. 우린 역사 속에서 교훈을 배우기도 하고, 문제 해결의 답을 찾기도 합니다. 하지만 역사는 우리에게 재미를 주는 매력적인 기록이기도 합니다. 저도 어쩌다 보니 어렸을 때부터 지금까지 역사의 매력에서 헤어 나오지 못해 지금, 이 글을 쓰고 있는지도 모릅니다. 영화만큼이나 재미있는 역사 이야기는 계속됩니다.

엘리자베스 Elizabeth 1998 _ 엘리자베스 1세
짐은 국가와 결혼했다

영화 엘리자베스는 잉글랜드의 엘리자베스 1세 Elizabeth I 의 일대기를 그린 영화입니다. 각종 영화제에서 연기상을 받으며 지금은 대배우 반열에 들어선 케이트 블란쳇 Cate Blanchett 의 초기 출연작으로 처음 이 영화를 봤을 때 엘리자베스 여왕을 연기하는 저 배우는 도대체 누구지? 하며 궁금해했던 기억이 납니다.

케이트 블란쳇은 여왕이 되기 전 죽음의 위기와 고난을 겪던 젊은 시절의 엘리자베스부터 여왕 즉위 이후 이루어질 수 없는 사랑, 정적들과의 갈등 등을 겪은 말 그대로 산전수전 다 겪은 카리스마 넘치고 기품 있는 여왕의 모습 등을 완벽하게 소화했습니다.

대부분 엘리자베스에서 최고의 연기를 보인 그녀가 당연히 그해 아카데미 여우주연상을 받을 것이라 확신했으나, 그해 여우주연상은 셰익스피어 인 러브Shakespeare in Love의 기네스 펠트로Gwyneth Paltrow가 수상했습니다. 물론 지금까지도 케이트 블란쳇이 아닌 기네스 펠트로의 여우주연상 수상은 역대 아카데미의 시상식 논란 중 최고의 논란으로 꼽히고 있습니다.

사형당한 어머니 앤 불린

엘리자베스 1세는 앞서 소개한 헨리 8세와 그의 두 번째 왕비인 앤 불린 사이에서 태어났습니다. 엘리자베스 1세의 모습을 묘사한 기록과 초상화들을 살펴보면 어머니보다는 아버지 헨리 8세를 좀 더 많이 닮았음을 알 수 있습니다. 큰 키의 영향도 있겠지만 대장부였던 아버지를 많이 닮아서인지 그녀의 초상화들을 보면 여장부라는 말이 떠오르기도 합니다.

젊은 시절의 엘리자베스 1세

어린 시절 그의 어머니 앤 불린Anne Boleyn이 억울하게 누명을 쓰고 간통죄로 사형을 당하자, 그녀는 사생아 취급을 받았습니다. 공주의 칭호를 박탈당하고 왕위 계승에도 제외되었으며 늘 불안하고 위험한 어린 시절을 보냈습니다.

그녀에게는 헨리 8세Henry VIII의 뒤를 이어 왕이 될 이복동생 에드워드Edward가 있었는데, 열다섯의 나이에 그가 죽자 배다른 언니 메리Mary I가 여왕이 됩니다. 메리는 헨리 8세의 첫 번째 부인인 캐서린 왕비^{Catherine of Aragon}의 장녀였는데 그녀는 즉위하자마자 어머니의 명예 회복을 위해 로마 가톨릭을 부활시켰고, 신교도를 탄압해 블러디 메리^{Bloody Mary}라 불렸습니다. 엘리자베스 1세 또한 신교도로 의심받아 런던탑에 갇히는 신세가 되고 맙니다. 아마 엘리자베스 1세의 어머니가 메리 1세의 어머니를 내쫓았다는 이유로 견제했으며, 탄압했을 것입니다.

메리 1세

버진 퀸^{The Virgin Queen}의 즉위

1558년 11월 17일 메리 1세가 병으로 죽자, 그녀의 유일한 후계자였던 엘리자베스 1세가 국민의 환영을 받으며 25살의 나이에 여왕으로 즉위하였습니다. 특히 메리 1세에게 탄압받건 개신교 신자들의 기대가 컸습니다. 하지만 엘리자베스 1세는 개신교와 로마 가톨릭교회 간의 극단을 피하는 노선을 선택함으로써 종교 문제로 극단적 갈등을 겪던 사회를 바로 잡았습니다.

엘리자베스 1세

엘리자베스 1세가 직면한 또 하나의 심각한 문제는 바로 경제였습니다. 폭등한 물가를 바로 잡기 위해 그녀는 화폐개혁을 단행해 안정된 통화질서를 회복했습니다.

바다 건너 새로운 시장을 개척하려는 노력은 엘리자베스 1세 시대에 더욱 활발해졌습니다. 지중해를 넘어 아시아까지 탐험하며 교역 가능성을 확장하였고 1600년 영국 역사상 최대의 무역회사로 성장하게 되는 동인도회사가 설립되었습니다.

무적함대와 잉글랜드 해군의 해전

대외적으로는 에스파냐España와 숙명의 경쟁 관계였는데, 1588년 에스파냐의 무적함대가 영국을 침공했지만, 해적 출신 프랜시스 드레이크Francis Drake가 해군 총지휘관으로 활약한 잉글랜드 해군이 물리쳤습니다. 당시 유럽 최강의 국가였던 에스파냐에 승리한 것은 잉글랜드의 국제적 위상이 올라가는 계기가 되었습니다. 스페인과의 전쟁 이후 국민의 정신적 결속과 일체감이 싹텄으며 엘리자베스 1세는 문화 사업을 적극 장려했습니다. 윌리엄 셰익스피어(William Shakespeare), 크리스토퍼 말로(Christopher Marlowe)의 문학과 프랜시스 베이컨(Francis Bacon)의 철학 등은 이 시대에 등장한 대표적인 결과물이며 드디어 잉글랜드에도 르네상스(Renaissance)의 시대가 도래하게 되었습니다.

엘리자베스 1세는 말년에 물가 폭등, 실업 문제, 귀족들의 부패 등으로 인해 평가는 그리 좋지 않지만, 그녀가 다져놓은 기반 위에 대영제국(British Empire)을 만들 수 있었다는 사실은 부정할 수 없습니다. 그리고 지혜롭고 유능한 지도자임과 동시에 강력한 정치력과 외교력을 선보인 군주이며, 국민에게는 자비롭던 여왕인 엘리자베스 1세를 잉글랜드의 국민은 사랑했고 존경했습니다.

나의 남편은 바로 잉글랜드 왕국이오

그녀는 매력적인 외모와 특유의 유쾌한 성격으로도 유명했지만, 그녀는 죽을 때까지 한 번도 결혼하지 않았습니다. 그래서 국민은 그녀를 처녀 여왕(The Virgin Queen)이라 불렀습니다. 그녀가 결혼하지 않은 이유에 대한 여러 야사가 있는데, 생식기에 문제가 있어 불임이라는 소문부터 결혼만 하

행차하는 엘리자베스 1세

지 않았을 뿐이지 수십 명의 남자를 밤마다 침대로 부른다는 악질적인 소문도 있었습니다. 심지어 셰익스피어가 그녀의 사생아라는 말도 안 되는 소문까지 있었습니다. 물론 그녀에 대해 좋지 않은 소문은 가톨릭 세력 또는 그녀의 정적들이 퍼뜨린 악의적인 소문이었습니다.

엘리자베스 1세는 노년에 우울증과 노인성 질환 등으로 고생하다 1603년 70세의 나이로 숨졌습니다. 그녀의 사후 브리튼 제도 전체를 다스리게 되는 최초의 왕인 제임스 1세^{James I}가 물려받게 됩니다.

영화 엘리자베스에서는 마지막에 그녀의 삶을 간략하게 설명하며 끝이 납니다.

"엘리자베스는 이후 40년을 더 통치하였다.
월싱엄은 그녀가 가장 신임하는 조언자로 끝까지 그녀 곁에 남았다.
그녀는 평생 결혼하지 않았으며 로버트를 다시는 개인적으로 만나지도 않았다.
임종 때 그녀는 로버트의 이름을 속삭였다고 전해진다.
그녀가 승하할 무렵 잉글랜드는 유럽에서 가장 강력하고 부유한 국가가 되어 있었다.
그녀의 통치기는 '황금시대'라고 불린다."

엘리자베스(ELIZABETH)

처녀 여왕(THE VIRGIN QUEEN)

나의 남편은 바로 잉글랜드 왕국

엘리자베스에서 가장 강렬한 장면은 두 가지가 있습니다. 첫 번째는 모차르트의 레퀴엠^{Requiem}이 장엄하게 울리며 엘리자베스 1세가 금빛으로 찰랑이던 머리를 자르는 장면입니다.

그리고 두 번째는 연인이었던 로버트 더들리$^{Robert\ Dudley}$가 자신을 배신하고 반역을 도모했는데(실제 역사에서는 반역행위를 하지 않았습니다.), 그를 죽이지 않았습니다. 그녀는 로버트 더들리를 죽여서 반역의 본보기를 삼으라고 하는 신하에게 단호하게 말합니다.

"난 그를 본보기로 만들려고 하오! 그를 살려둘 것이오. 언제까지나 내가 기억할 수 있도록… 내가 얼마나 큰 위협을 곁에 두고 있었는지를 깨달을 수 있게 말이오."

그 후 신하들이 모인 궁정에 하얗게 창백한 얼굴로 화장하고 우리가 엘리자베스 여왕 하면 떠올리는 모습인 엘리자베스 모습으로 나타납니다.

소녀 시절 런던탑에 갇히며 죽음의 문턱까지 가는 무섭고 두려운 삶을 살았던 소녀가 여왕이 된 뒤 한 남자를 사랑하게 되었지만, 결국 여성으로서 삶을 포기하고 국가와 결혼을 선택한 그녀의 모습은 인상적이었습니다.

그 어느 군주보다 강렬하고 카리스마 있는 그녀의 단호하지만 무표정한 표정을 떠올리며 이 글을 마무리 하겠습니다.

〈카게무샤〉 影武者 1980 _ 그림자 무사
나는 누구인가

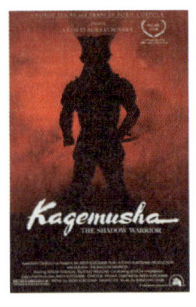

〈카게무샤^{影武者}〉의 감독 구로사와 아키라^{黒澤明}는 '일본 영화계의 천황'이라는 별명처럼 일본이 낳은 세계적인 영화감독입니다. 〈7인의 사무라이^{七人の侍}〉, 〈라쇼몽^{羅生門}〉등의 명작을 연출하며 영화사에 큰 발자취를 남긴 그는 스티븐 스필버그^{Steven Spielberg}, 조지 루카스^{George Lucas}, 프랜시스 포드 코폴라^{Francis Ford Coppola}, 마틴 스콜세이지^{Martin Scorsese} 등의 많은 명감독들에게 영향을 미치고 존경을 받은 명장 중의 명장입니다.

거장의 화려한 재기작

제작 당시 일본 영화 사상 최대의 제작비가 들어간 〈카게무샤〉는 구로사와 아키라 감독이 일본에서 제작비 충당이 힘들어할 때 그를

평소에 존경하던 프랜시스 포드
코폴라와 조지 루카스가 프로듀서
로 나서 제작비를 지원받을 수 있
었습니다. 그런 우여곡절 끝에 완
성된 영화는 33회 칸 영화제^{Cannes Film}

구로사와 아키라 스필버그 루카스

^{Festival}에서 대상인 황금종려상을 받
았고 그해 일본에서 가장 흥행한 영화가 되었습니다. 특히 이 영화가
나오기 전 제작하던 자살 미수 사건과 제작하던 영화가 무산되는 등
긴 슬럼프에 빠져있던 구로사와 아키라 감독이 다시 화려하게 재기
하게 만들어 준 작품이기도 합니다.

카게무샤라는 뜻은 중세 일본에서 각 지방
을 다스리는 영주인 다이묘^{大名} 같은 고위 무
사들이 암살 같은 적의 공격으로부터 신변을
보호하기 위해 세운 대역 역할을 하던 무사
를 뜻합니다. 실제 일본 역사에도 카게무샤의
존재가 기록되어 있는데, 그들은 단순히 옷만
영주의 옷을 입는 것이 아닌 실제 영주와 똑
같이 일과를 보내고 교육을 받는 대접을 받
았다고 전해집니다.

다케다 신겐

〈카게무샤〉에 등장하는 다케다 신겐^{武田信玄}도 실제 두 동생이자 가

신인 다케다 노부시게武田信繁와 다케다 노부카도武田信廉를 카게무샤로 됐다고 합니다. (물론 영화에서도 다케다 노부카도가 그 역할을 수행했음이 나옵니다.) 그리고 '가이의 호랑이'라 불리던 다케다 신겐의 가장 큰 라이벌인 '에치고의 용' 우에스기 켄신上杉謙信 또한 아라카와 나가자네荒川長実라는 무장을 카게무샤로 뒀었다는 설이 있습니다. 그리고 실제 역사는 아니었지만, 한국 영화 〈광해〉에도 이와 비슷한 경우가 등장합니다.

3년간 나의 죽음을 알리지 말라

영화 〈카게무샤〉는 혼란스럽던 16세기 일본 전국시대(센고쿠시대戰國時代) 다케다 가문의 다이묘인 다케다 신겐의 카게무샤에 대한 이야기입니다. 다케다 신겐의 동생 다케다 노부카도는 처형장에서 형인 다케다 신겐과 닮은 도둑을 발견해 카게무샤로 추천합니다. 도둑이라는 점이 탐탁치 않았지만 다케다 신겐을 향해 "당신은 천하를 훔치려는 도둑이다"라고 말하는 두둑한 배짱이 마음에 들어 그를 카게무샤로 삼습니다. 그러나 다케다 신겐이 이에야스 군의 저격수 총에 맞아 죽게 되며 유언으로 자기의 죽음을 최소 3년간은 비밀로 하라는 말을 남깁니다.

카게무샤로 채용된 도둑은 이후 다케다 신겐의 경쟁자였던 오다 노부나가織田信長, 도쿠가와 이에야스德川家康 등을 속이며 영지를 다스리고 군대를 지휘합니다. 죽음을 숨기기로 한 3년이 되었을 무렵 실수로 카게무샤라는 것이 들통나 그는 쫓겨나고 평소 그를 싫어하던 다케다 신겐의 아들인 다케다 카츠요리武田勝賴가 정식으로 다이묘가 됩니다.

나가시노 전투

오다 노부나가織田信長와 도쿠가와 이에야스德川家康의 연합군에게 맞서 다케다 카츠요리는 군사를 일으켜 나가시노 전투를 벌이지만, 두 세력 연합군의 조총 앞에서 그의 군사는 전멸합니다. 그리고 그 모습을 지켜본 카게무샤는 필사적으로 혼자 적진으로 돌진합니다. 총알을 맞고 피투성이가 된 그는 다케다 신겐 군의 상징과도 같은 풍림화산 깃발을 잡으려 허우적대다 죽으며 그 시체가 떠내려가는 장면으로 영화는 끝납니다.

정체성의 파괴 그리고 혼란

처음에는 카게무샤가 되기를 거부했지만 다케다 신겐의 죽음을 확인하고 카게무샤가 되기로 결심한 도둑은 점점 다케다 신겐이라는 위대한 인물과 자신을 동일화하려 합니다. 그렇게 다케다 신겐의 뒤를 쫓다가 본래의 자기의 모습을 잃어버린 카게무샤는 다케다 신겐의 닮은 외모는 물론 그의 행동과 말투까지 따라 하며 자신이 다케다 신겐이 되길 바랬지만, 그림자가 아닌 본체가 될 수 없다는 것은 그의 비참한 죽음으로 이야기합니다.

〈카게무샤〉는 한 인간이 자신의 정체성이 파괴되어 가는 혼란과 두려움에 빠지는 모습 그리고 다른 사람이 되어가는 한 인간의 변화과정을 통해 우리 삶의 연극성을 잘 보여줍니다.

구로사와 아키라 감독은 〈라쇼몽〉에서도 실제와 허상에 대한 질문을 관객에 던졌습니다. 무엇이 실체고 허상이며 어떤 것이 진실이고 거짓인가? 무엇이 선이고 악인가? 인간의 존재의미와 본질에 대한 질문을 던지는 이 영화의 주제를 관통하는 도둑과 다케다 신겐의 대사로 마무리 하겠습니다.

영화 라쇼몽

다케다 신겐 : 닮기는 했지만 형벌을 받은 범죄자다. 어찌 이따위 악인이 내 가게무샤가 될 수 있겠는가?

도둑 : 저는 기껏 사람 한명 죽이고 돈이나 훔치던 좀도둑이지만, 나리는 수많은 마을들을 불태우고 수많은 사람들을 죽이며 천하를 훔치려드는 큰 도둑 아닙니까? 누가 더 나쁜 사람인가요?

명량²⁰¹⁴ _ 임진왜란
"후손 아그들이 우리가
이러고 개고생한 걸 알까?".

 2014년 개봉한 명량은 이순신^{李舜臣} 장군의 3대 해전 중 하나인 명량해전^{鳴梁海戰}을 배경으로 한 영화입니다. 나머지 3대 해전인 한산도 대첩^{閑山島大捷}, 노량해전^{露梁海戰} 역시 명량을 연출한 김한민 감독이 한산 : 용의 출현, 노량 : 죽음의 바다라는 제목으로 연출하기도 했습니다.

 명량은 개봉 당시 엄청난 흥행에 성공했었는데, 한국 영화 사상 최단기간에 천만 관객을 동원한 것은 물론 아바타의 역대 최고 관객 수를 훌쩍 넘어 1,761만 명이 넘게 관람한 이 영화는 역대 한국 영화 사상 관객 수 1위를 기록하게 됩니다. 그리고 이 기록은 아직 깨지지 않고 있습니다.

임진왜란의 발발

영화 명량의 배경이 되는 임진왜란(壬辰倭亂)(혹은 조일전쟁(朝日戰爭)이라고 부르기도 합니다.)은 1592년부터 1598년까지 일본이 조선을 침략하면서 벌어진 7년간의 전쟁입니다.

혼란스럽던 일본의 전국 시대를 끝낸 도요토미 히데요시(豊臣秀吉)는 조선은 물론 명나라까지 차지하려는 야망을 품었습니다. 먼저 조선에 수교를 요구한 도요토미 히데요시는 조선에 명(明)을 정벌하러 갈 테니 길을 빌려 달라(征明假道) 요청했습니다.

도요토미 히데요시

하지만 명과 사대(事大)관계를 맺고 있던 조선이 그 요구를 들어줄 리 없었습니다. 교섭이 결렬되자 도요토미 히데요시는 20만 대군을 조선으로 파병해 침공하였습니다.

당시 조선의 조정은 동인과 서인으로 나뉘어 대립하고 있었습니다. 통신사로 일본에 파견되었던 서인 측의 황윤길(黃允吉)은 일본의 침략 가능성에 대비해야 한다는 의견을 내놓았습니다. 하지만 일본을 두려워할 필요가 없다는 보고한 김성일(金誠一)의 의견이 주류였고, 조정은 일본의 침략에 대한 대비보다 당파 싸움에만 집착했습니다.

동래성 전투

1592년 4월 13일 부산에 상륙한 일본군은 엄청난 기세로 한양을 향해 진격했습니다. 부산진첨사 정발鄭撥, 동래부사 송상현宋象賢이 전사하였고, 신립申砬 장군 등이 배수진을 치고 결사 항전을 했지만, 신무기 조총을 앞세운 일본군을 당할 수는 없었습니다. 결국 선조와 대신들은 몽진蒙塵을 결정하게 됩니다. 당시 조선의 왕이었던 선조는 중국으로 망명을 위해 의주로 이동하며 광해군을 세자로 황급히 책봉했습니다. 그리고 광해군에게 종묘사직을 받들고 나라를 다스리라는 명령(분조分朝)을 내렸습니다.

동래성 전투

백성들은 뒷전이고 자신의 안위를 위해 중국으로 도망가겠다는 한심한 선조보다 분조를 이끄는 광해군의 능력은 단연 돋보였습니다. 일본군을 피해 가며 분조를 이끌었던 광해군은 각 지역의 의병장들을 독려했고, 군과 백성을 격려하며 민심을 수습했습니다.

조선의 마지막 희망

선조가 한양을 버리고 평양까지 이동했을 때 비로소 조선의 반격이 시작되었습니다. 당시 일본의 전략은 조선 전역을 빠르게 장악한 뒤 전라도를 약탈하고 수로를 통해 부대의 보급을 끊이지 않게 하겠다는 수륙병진 계획이었습니다. 일본의 이런 작전에 가장 중요한 지역인 전라도 지역의 수군 대장은 바로 이순신 장군이었습니다. 그리고 그는 조선의 마지막 희망과도 같은 존재였습니다.

어린 시절부터 친했던 류성룡(柳成龍)의 천거로 전라 좌수사가 된 이순신 장군은 철저히 전쟁에 대한 대비를 했습니다. 그리고 그의 외로운 분전이 시작되었습니다.

1592년 7월 8일 한산도 앞바다에서 이순신 장군이 이끄는 조선 수군은 일본군을 맞이했습니다. 당시 이순신 장군은 육

이순신 장군

지전에서 사용하는 포위 섬멸 전술 형태인 학익진을 처음 해전에서 펼쳤습니다. 조선 수군은 함선을 학의 날개 모양으로 펼치고 함포 공격을 퍼부었습니다. 일본 수군은 조선 수군의 거센 공격에 우왕좌왕하다 47척의 배가 침몰하고 12척의 배를 조선군에 빼앗겼습니다. 결과는 말 그대로 조선의 압승이었습니다. 한산도 대첩은 진주 대첩, 행주 대첩과 함께 임진왜란의 3대 대첩이라 불릴 뿐만 아니라 세계 해군사에도 기록된 조선 수군의 자랑스러운 승리였습니다.

이순신 장군의 승리는 일본 수군의 주력 부대를 거의 격파해 수륙

병진 계획을 좌절시켰고 보급에 큰 차질을 빚게 만들었습니다. 치명적인 패배로 일본군의 사기가 떨어진 것은 당연합니다. 그리고 육지에서 잇단 패배로 사기가 떨어진 조선군에게 이길 수 있다는 용기를 주었고, 다시 대열을 정비해 일본에 반격한 기회를 마련했습니다.

나라의 위기에 민중이 일어서다

바다에서 이순신 장군이 있었다면 육지에는 그들이 있었습니다.
바로 전국 각지에서 자발적으로 일어난 의병들이었습니다. 관군의 무능함으로 나라가 일본에 짓밟힐 때 스스로 일어선 그들은 양반부터 천민, 승려까지 다양했습니다.

곽재우 장군의 칼

전국에 의병을 소집하는 격문이 붙었고 사람들이 모였습니다. 곽재우^{郭再祐}, 조헌^{趙憲}, 고경명^{高敬命} 등 재야 인사 및 정부에서 내려보낸 수령들이 주도하여 의병을 모집해 반격을 시작했습니다.

의병은 정규군보다 장비나 수적으로 불리할 수밖에 없었지만, 지리적 특성을 잘 안다는 것을 활용 게릴라전을 펼쳤습니다. 전란이 장기화함에 따라 산발적으로 일어났던 의병 부대들을 관군에게 편입

시켜 효과적인 작전을 구사하기도 했습니다.

 한편 조선 조정은 명나라에 원군을 요청했고, 일본군이 명까지 침략할 것을 우려한 명은 원군을 파병했습니다. 조선과 명 연합군은 1593년 1월 평양성을 탈환했고, 일본군은 한양을 지나 경상도 지역까지 후퇴하게 되었습니다. 이후 명과 일본은 휴전 협상을 벌였지만, 명나라 황녀를 일본으로 데리고 가고, 조선 8도 중 4도를 일본의 영토로 한다는 일본의 무리한 요구로 협상은 결렬됩니다.

 다시 일본은 1597년 조선을 침략하는데 이것이 바로 정유재란丁酉再亂입니다. 정유재란에서 가장 활약한 인물 역시 이순신 장군이었습니다. 하지만 이순신 장군을 시기 질투한 이들은 장군을 음해했고, 이순신 장군을 못마땅하게 여기던 선조는 결국 이순신 장군의 관직을 박탈합니다. 그리고 선조가 내세운 인물은 바로 원균元均이었습니다.

 원균이 이끄는 수군은 칠천량 해전漆川梁海戰에서 일본군에 완전히 패배하고 거의 모든 판옥선이 박살 났습니다. 국내뿐만 아니라 해외에서도 이순신 장군과 원균에 대한 평가가 많은 편인데, 이순신 장군은 영국의 넬슨Horatio Nelson 제독과 함께 전설적인 명장 제독으로 추앙받는 한편 원균은 조선 수군을 산채로 수장시킨 최악의 제독으로 평가 받고 있습니다. 이런 원균 같은 인물을 이런 중요한 시기에 막중한 보직에 앉힌 선조에 대해서는 할 말이 없습니다.

성웅의 마지막 전투

관직에서 박탈되어 백의종군(白衣從軍)하던 이순신 장군이 다시 지휘권을 잡았지만, 이번 전투는 조선에 너무나도 불리한 형국이었습니다. 일본의 함선은 300여 척이었고 이에 대항하는 조선의 판옥선은 고작 12척이었습니다. 하지만 이순신 장군은 이런 불리한 상황에서 조류를 이용해 기적적으로 승리하게 됩니다. 이 승리한 해전이 바로 영화 명량의 배경이었던 명량해전이었습니다.

학익진을 묘사한 수조 병풍도

이후 이순신 장군은 조선에서 철수하는 일본군을 마지막까지 섬멸하려다 노량대첩에서 장렬히 전사합니다. 이순신 장군의 죽음에도 자살설 등 많은 추측이 있는데, 유탄에 맞아 남긴 마지막 유언은 "지금은 싸움이 지금 한창 급하다. 나의 죽음을 알리지 마라."라는 말을 남겼다고 합니다.

임진왜란은 1598년 전쟁을 일으킨 도요토미 히데요시가 죽자, 일본군이 철수하면서 끝나게 됩니다.

임진왜란이 남긴 것

임진왜란은 조선과 일본뿐만 아니라 명나라, 여진족까지 동아시아 전체에 큰 영향을 미쳤습니다. 도요토미 히데요시는 원하던 목표를 이루지 못하고 퇴각했습니다. 조선도 승리하기는 했지만, 막대한 피해를 입었습니다. 농지가 황폐해지는 등 농업 및 산업 기반이 파괴되었고, 경복궁과 창경궁 등 궁정이 소실되었습니다. 인구도 최소 백만 명 이상 감소하게 되었습니다.

명나라가 조선과 일본에 집중하는 사이 여진족은 그 세력을 키워 후금을 건국했습니다. 일본 또한 피해가 막심했는데, 7년에 걸친 침공에 제대로 된 성과를 이루지 못한 탓에 인적, 물적 피해가 막심했다고 합니다.

임진왜란이 승리한 이유는 성웅聖雄이라는 불린 이순신 장군의 전설적인 활약, 나라를 버리고 도망치려 한 선조 대신 분조의 책임자로 민심을 수습하고 군사를 모집하며 고군분투한 광해군, 불리한 상황에서도 일본에 승리 한 권율權慄, 김시민金時敏 장군 등 관군의 활약도 있습니다.

울산왜성 농성도

하지만 저는 스스로 일어섰던 의병과 이름 모를 '아무개'라 불리며 역사에 기록되지 않은 우리 조상 덕분에 승리했다 생각합니다. 그들은 배에서 노를 젓기도 했고, 성벽에서 올라오는 적군에게 돌을 던졌으며, 조총을 쏘는 일본군을 향해 창을 들고 돌진했습니다. 왕조차 포기한 나라를 지킨 것은 바로 이들이었습니다.

영화 명량에서 일본과의 해전을 승리로 거둔 뒤 이순신 장군 뿐만 아니라 모든 사람의 모습을 보여줍니다. 지쳐 쓰러져 있거나 부상을 치료하는 병사들, 불경을 외우는 승병들, 그리고 모든 힘을 쏟아내며 갑판 아래에서 노를 젓던 노꾼들의 모습을 보여줍니다.

그 노꾼들이 나눈 대화는 묵직하게 다가옵니다. 감독이 관객들에게 전하고 싶은 메시지가 아니었을까 생각합니다.

"나중에 우리 후손 아그들이 우리가 이러고 개고생한 걸 알까?"

"아따 모르면 참말로 호래자식들이지."

이 글을 읽는 분들은 호래자식이 분명 아닐 것이라 믿습니다.

남한산성 2017 _ 병자호란
역사의 교훈을 얻지 못해
남한산성에 갇힌 조선의 운명

남한산성南漢山城은 소설가 김훈의 동명 작품을 원작으로 한 영화입니다. 영화는 병자호란丙子胡亂 당시 남한산성에 갇혀 삼전도三田渡의 굴욕을 당할 때까지 47일 동안 일어난 일을 다루고 있습니다.

주화파主和派인 이조판서 최명길崔鳴吉은 치욕을 당하더라도 청清에 항복해 고통받는 백성들을 지켜야 한다고 주장하고, 척화파斥邪派인 예조판서 김상헌金尚憲은 성을 나가 항복하여 나라가 보존된 적이 없다고 끝까지 맞서 싸워야 한다며 서로 대립하는 모습과 그 선택에서 번민하는 인조仁祖의 모습 등 병자호란 당시 남한산성에 있던 사람들의 다양한 인간군상群像 모습을 보여준 영화입니다.

광해군의 중립 외교 후금의 침략을 막다

17세기 초 명明나라가 힘이 약해진 틈을 타 누르하치努爾哈赤는 여진족을 통일하고 후금을 세웠습니다. 당시 조선의 왕은 광해군光海君이었는데, 광해군은 새로운 국제 정세에 현명하게 대처했습니다. 명분과 의리만 생각하여 망해가는 명나라를 돕다가 후금後金(후일 청나라)이 명나라를 무너뜨리고 중국의 주인이 되면 조선에 보복을 가할 수 있다고 생각했습니다.

1619년 명나라가 후금을 치기 위해 만주로 출병하며 지원군을 요청할 때 광해군은 어쩔 수 없이 강홍립姜弘立 장군에게 1만 명 군사의 출병을 지시했습니다. 하지만 전쟁의 형세를 보고 향배를 결정하라는 광해군의 지시에 따라 강홍립 장군은 후금에 빠르게 투항했습니다.

광해군의 이런 중립 외교 덕분에 후금은 조선에 보복적 행동을 하지 않았습니다. 하지만 1623년 광해군이 인조반정仁祖反正으로 물러나고 인조가 왕이 되면서 상황은 바뀌기 시작했습니다. 인조는 명과 가까이 지내고 금을 배척하는 향명배금向明排金의 정책을 강하게 내세웠습니다.

그런데다가 인조반정의 공을 제대로 인정받지 못한 것에 대해 불만을 가진 이괄李适은 반란을 일으켰고, 대대적인 진압 과정에서 반군 일부가 조선을 떠나 후금으로 도망쳤습니다. 이들은 중립 외교를 펼치던 광해군의 폐위와 인조 즉위의 부당성을 후금에 호소하며 조선의 병력이 약한 지금이 바로 조선을 칠 적기라고 조선을 공격할 것을 부추겼습니다.

정묘호란의 발발

후금은 광해군을 위해 보복한다는 명분하에 3만 병사가 압록강을 건너 황해도까지 침입했습니다. 결국 인조는 어쩔 수 없이 후금과 형제 관계를 맺을 수밖에 없었습니다. 이 사건이 바로 정묘호란^{丁卯胡亂}입니다.

하지만 정묘호란 10년 후 1636년 조선은 더 큰 위기에 빠지게 됩니다.

후금에서 청으로 국호를 바꾼 청 태종^{皇太極}은 조선이 군신^{君臣} 관계 수립 등 계속되는 청나라의 요구를 무시하자 1636년 12월 9일 스스로 12만 대군을 이끌고 압록강을 건너 조선으로 쳐들어왔습니다.

남한산성에서 고립된 인조

임경업^{林慶業} 장군이 백마산성(^{白馬山城}, 현 평안북도 의주)에서 청나라 군의 침입에 대비하고 있었으나 청군의 선봉대는 그곳을 우회하여 한

양으로 진격했습니다. 12월 13일 조정에서도 청나라 군의 침입 사실을 알게 되었습니다. 하지만 청나라 군은 이미 12월 14일에 한양 외곽까지 이르렀습니다. 조정에서는 청나라가 이렇게 빨리

진군하는 청나라군

진격해 오리라 전혀 예상하지 못했고, 청나라 군의 침략 소식에 성을 빠져나가려는 행렬이 줄을 섰습니다.

결국 인조는 종묘사직의 신주神主와 세자빈와 세손, 봉림대군(鳳林大君, 효종孝宗) 등 종실을 먼저 강화도로 피신시키고 자신도 강화도로 피신하려 했지만, 이미 한양까지 들어온 청나라 군에 강화도로 가는 길이 막혔습니다. 결국 소현세자昭顯世子와 대신들을 데리고 남한산성으로 들어갈 수밖에 없었습니다.

12월 16일 청나라의 군이 남한산성을 포위하였고, 1637년 1월 1일 도착한 태종은 남한산성 아래 탄천炭川에 20만 청나라 군을 집결시키며 남한산성을 완전히 시켰습니다.

전국 각지에서 왕을 구원하기 위해 군사들과 의병들이 모였지만 청나라 대군을 이길 수 없었습니다. 명나라에 구원을 요청할 수도 없는 상황이었습니다. 성의 안과 밖의 연결이 끊어져 보급이 제대로 이

루어지지 않아 식량도 부족한 절망적인 상태였습니다. 하지만 성 밖의 백성들은 더 처절했습니다. 청나라 군은 백성들을 마구잡이로 죽이고 노략질을 일삼았으며, 살아남은 백성들 또한 얼어 죽거나 굶어 죽어가고 있었습니다.

전투하는 조선군과 청나라군

그러나 성내에서는 여전히 척화파와 주화파의 대립이 계속되었습니다. 전쟁의 와중에서조차 당쟁이라는 어리석음으로 정신없던 때에, 강화도로 피신한 봉림대군을 비롯한 종실이 청나라 군에 압송된 소식을 들은 인조는 결국 항복을 결심합니다.

조선왕조 최대의 굴욕

인조는 한 겨울에 걸어 삼전도 (현 송파구 석촌호수 근처)에 있는 청 태종에게 갔습니다. 그리고 청 태종에게 3번 무릎 꿇고 9번 머리를 조아리는 삼궤구고두례三拜九叩頭禮를 하는 삼전도의 굴욕을 당하게 됩니다. 이는 조선왕조 역사상 최대의 굴욕이었습니다.

삼전도의 굴욕

133

전쟁의 결과는 참혹했습니다. 한양에 청 태종의 공덕을 칭송하는 비(大淸皇帝功德碑, 삼전도비三田渡碑)가 건립되었고, 조선은 청의 신하가 되었으며 항복의 대가로 엄청난 배상금은 물론 조공을 받던 오랑캐에게 이제 조공을 바치게 되었습니다. 그리고 소현세자와 봉림대군 두 왕자 부부가 인질로 청에 끌려가고 척화파와 그 가족도 청으로 끌려갔습니다. 그리고 기록이 과장되었다는 이야기도 있지만 50만 명 이상의 백성들이 청에 인질로 끌려갔습니다. 몸값을 치른 백성의 일부는 다시 조선으로 돌아오기도 했지만, 그 수는 많지 않았고 청에서 노예가 되었습니다.

두 달 남짓한 짧은 전쟁이었지만 한양은 임진왜란壬辰倭亂에 버금가는 피해를 보았습니다. 청군이 휩쓴 지역의 많은 집들이 불태워지고 파괴되었습니다. 병자호란은 말 그대로 조선의 최고 흑역사로 남게 되었습니다.

병자호란 패배 원인에 대해 다양한 주장이 있는데 인조는 그 책임에서 절대 피해 갈 수 없습니다. 후세의 사람들에게 인조는(선조宣祖와 더불어) 긍정적인 평가보다 부정적인 평가가 압도적으로 많은 조선의 대표적 왕입니다. 그는 국가와 백성들을 다스릴만한 통치력이 부족했으며, 경제 외교 문제에서도 무능을 드러냈습니다.

조선 지휘부의 무능 그리고 참사

그런 인조의 모든 무능이 아낌없이 펼쳐진 때가 바로 병자호란입니다. 주변 강대국의 흐름을 읽지 못해 제대로 된 외교가 이루어지지 않아 전쟁의 빌미를 만들었습니다. 청나라는 오랑캐라 무시했고 명나라는 망해가는 나라임에도 성리학의 나라이자 부모의 나라이니 부모의 원수는 자식이 갚아야 한다는 척화파의 의견대로 청에 맞설 생각을 했습니다.

군 결정권자로서도 그는 무능함을 드러냈는데, 임진왜란 그리고 정묘호란을 겪었지만 제대로 준비된 것이 없었습니다. 이괄의 난 때문에 북방을 수비하는 군이 감소했다는 변명도 있지만 전체적으로 그 당시 조선군은 청나라 군에 비하면 오합지졸이었습니다.

병법에 무지했던 인조는 청나라 군의 빠른 진군조차 제대로 예측하지 못했고 결정적으로 청나라와 청나라 군을 단지 오랑캐라며 무시하기 일쑤였다고 합니다.

임진왜란을 겪은 선조도 무능한 왕으로 평가받기도 하는데 적어도 인재 기용에 대해서 당파 논리에 휩쓸리지 않았습니다. (물론 선조도 원균의 등용같이 인재 등용에 문제점이 전혀 없던 것은 아니었습니다.) 하지만 인조는 붕당^{朋黨}에 빠져 적재적소에 제대로 된 인물들을 등용하지 못했습니다.

　인물 등용의 문제점을 적나라하게 보여준 곳은 바로 강화도입니다. 세자빈와 세손 그리고 종실이 피난을 갔던 중요 지역 강화도를 지키던 김경징金慶徵과 장신張紳은 지휘권을 놓고 다투고 분열 중이었습니다. 그러나 정작 청나라 군대가 강화도로 접근했을 때 장신은 싸우지도 않고 도망치기 바빴습니다. 김경징 또한 청군이 쳐들어왔다는 소식을 처음에 믿지 않다 뒤늦게 사태를 파악한 뒤 그 역시 근처 섬으로 도주했습니다.

　군을 지휘하고 통솔해야 하는 지휘관이 적이 쳐들어오자 가장 먼저 도망치는 책임감 없는 사람들이 중요한 군사 보직에 있는데 전쟁을 제대로 치를 리 없었습니다.

　그리고 인조 외에 이야기하고 싶은 인물들은 바로 절제절명 위기의 순간에도 한목소리를 내지 못하고 주화파, 척화파로 나뉘어 대립한 조정의 대신들입니다. 병자호란이 일어나기 전 전쟁에 대해 알지 못하는 그들은 전쟁만을 외쳤고, 정묘호란을 겪었지만 국경의 방비를 단단히 하는 것이 아니라 자신들의 안위만 신경을 썼습니다.

청으로 끌려가는 백성들

왕이 무능하면 대신들이라도 현명하고 사태 파악이 빨랐어야 하는데, 이들 역시 인조만큼이나 무능한 것은 마찬가지였습니다. 전쟁을 감당할 능력이 없는 무능한 왕과 대의 명분과 자신들 자리 지키기에 연연하던 대신들이 있는 조정이 만든 결과의 가장 큰 피해자는 바로 백성들이었습니다.

청으로 끌려가는 백성들

당시 포로였던 사람의 말에 백성들의 참담함이 느껴집니다.
"청나라가 사람들을 붙잡아 남자들은 변발을 시키고 갑옷을 주어 선발부대로 보내고, 노약자들은 나무를 하고 가축을 기르게 시키며, 여성 중에 아름다운 자들은 함께 말을 타고, 더럽고 추한 자는 막일을 시키고, 어린아이들은 모두 던져서 죽였습니다."

병자호란에 대한 자료 조사와 글을 쓰며 느낀 건 '막을 수 있었던 전쟁'이었다는 생각이었습니다. 외교를 조금만 더 잘했더라면, 이괄의 난이 없었거나 조기 진압에 성공해 병력의 손실이 없었다면, 조정과 백성이 한뜻이 되어 구국에 전념하였으면 하는 아쉬움이 남습니다.

레 미제라블 Les Misérables 2012 프랑스 혁명
무기를 들어라, 시민들이여.

영화 레 미제라블Les Misérables은 프랑스의 소설가 빅토르 위고Victor Hugo의 동명 소설이 원작입니다. 프랑스를 대표하는 걸작 소설 중 하나인 레 미제라블은 프랑스 혁명Révolution française 전후를 배경으로 민중들의 가난한 삶과 고통을 보여주며, 주인공 장 발장의 일생을 통해 인간의 존엄성과 인간애 그리고 삶의 의미에 대해 다시 한 번 생각하게 하는 작품입니다.

레 미제라블은 영화, 뮤지컬, 연극, 애니메이션 등 다양한 매체로 제작되었습니다. 그중 1985년 초연된 영국의 뮤지컬은 국내에서도 4대 뮤지컬이라 부를 만큼 유명합니다. 그리고 이 뮤지컬을 영화화 한 톰 후퍼Tom Hooper 감독의 2012년 영화가 사람들에게 가장 많이 알려져 있습니다.

다소 어둡고 슬픈 이야기, 그리고 혁명이라는 무거운 주제를 다루고 있지만, 완성도 있는 음악은 관객을 빠져들고 공감하게 만듭니다. 팡틴이 애절하게 부르는 I Dreamed a Dream 같은 곡은 듣는 사람들의 눈가에 눈물이 저절로 흐르게 합니다. 젊은 혁명가들과 시민들이 함께 부르는 Do You Hear The People Sing 같은 곡은 혁명가들의 굳은 의지와 비장함이 느껴지며 나도 모르게 가슴이 뜨거워지는 것이 느껴집니다.

레 미제라블은 프랑스 혁명 전후 시대를 배경으로 특히 1832년에 있었던 6월 봉기가 중요한 소재로 하였지만, 이번 글에서는 민주주의의 시초라 평가받고 있으며, 세계를 뒤흔들어 놓은 사건인 프랑스 혁명 (프랑스 대혁명)에 대해 이야기 하려 합니다.

프랑스 혁명은 1789년 5월 5일부터 1799년 11월 9일까지 프랑스에서 일어난 시민혁명입니다. 이 혁명은 프랑스뿐만 아니라 유럽을 넘어 세계의 정치, 사회, 경제에 큰 영향을 미쳤습니다.

구시대의 모순

프랑스 혁명이 발발한 이유 중 하나는 구체제(앙시앵 레짐[Ancien Régime])의 모순입니다. 인구의 2퍼센트 정도밖에 되지 않는 제1신분 성직자와 제2신분 귀족은 전체 토지의 40퍼센트를 차지하고 있었습니다.

그들은 면세의 혜택을 누리며 부와 권력을 독점하였고 인구의 98퍼센트를 차지하는 제3신분인 도시민과 농촌민으로 구분되는 평민들이 모든 세금을 부담해야 했습니다.

이런 상황에 루이16세$^{Louis\ XVI}$는 영국을 견제하기 위해 무리해서 미국 독립 전쟁을 지원하였으나 국익에 도움이 되는

성직자와 귀족을 업고 있는 제3신분

것이 아닌 오히려 국가 재정이 파탄 직전에 이르는 상황을 만들었습니다. 왕실 재정 또한 선대의 향락으로 바닥났지만, 귀족을 포함한 특권층은 납세를 거부했고, 결국 모든 부담이 제3신분에게 가중되며 그들의 불만은 늘어나게 됩니다.

결국 특권 계층에게 세금을 걷는 내용을 안건으로 하는 삼부회를 소집했지만, 기존의 신분별 표결 방식으로 하면 과세를 거부하는 특권계급의 입장이 관철될 것이 뻔한 상황이었습니다. 제3신분은 당시 재무장관이었던 자크 네케르$^{Jacques\ Necker}$가 제시한 개혁안에 대해 기존의 신분별 표결 방식을 거부하고 머릿수 표결 방식으로 할 것을 주장했습니다. 예상대로 특권층의 반대로 회의는 제대로 진행되지 않았고 1789년 6월 제3신분은 결국 따로 의회를 소집하게 됩니다.

제3신분의 새로운 의회 소집은 왕실과 기존 특권 세력들의 반발을

가져왔습니다. 제3신분은 베르사유 궁전의 테니스코트 건물에 새로운 의회소집을 선언했고, 새로운 헌법이 제정될 때까지 해산하지 않겠다고 선언합니다. 결국 루이 16세는 의회를 공인하게 되고 1789년 7월 새로운 의회는 헌법 제정을 준비하게 됩니다.

혁명의 시작, 바스티유 감옥 습격

하지만 루이 16세는 평민들이 독자적인 국민의회를 설립한 책임을 모두 재무장관 자크 네케르에게 전가하고 해임 시켰습니다. 파리 시민들의 지지를 받던 자크 네케르의 파면이 알려지면서 파리의 시민들은 분노하고 혼란에 빠지게 됩니다. 그리고 시민들 사이에서는 군대가 파리로 진격할 수도 있다는 불안감이 커졌습니다.

바스티유 감옥 습격

결국 파리의 시민들은 무기와 탄약을 보유한 바스티유 감옥을 습격 prise de la Bastille 하며 본격적인 프랑스 혁명이 시작되었습니다. 이후 말 그대로 프랑스 전체가 불타올랐습니다. 전국 각지에서 농민들이 봉기하고 일어나 귀족들을 살해하고 토지대

바스티유 감옥 습격

장을 불태웠습니다.

결국 권력은 루이 16세에서 국민의회로 넘어오게 됩니다. 자크 네케르는 다시 재무장관으로 복직되었고, 국가 안정과 성난 민심의 수습을 위해 국민의회는 봉건제 폐지를 발표하였습니다.

1789년 8월 26일 라파예트$^{Marquis\ de\ La\ Fayette}$와 시에예스$^{Emmanuel\ Joseph\ Sieyès}$에 의해 초안이 작성된 유럽 대륙 최초의 인권 선언인 '인간과 시민의 권리 선언$^{Déclaration\ des\ droits\ de\ l'homme\ et\ du\ citoyen}$'이 발표되었습니다. 이 선언은 장 자크 루소$^{Jean\text{-}Jacques\ Rousseau}$의 사회 계약설^{社會契約論} 외에도 미국의 독립 선언서의 영향을 많이 받았는데, 초안을 작성한 사람 중 한 명인 라파예트가 미국 독립전쟁 참전 경험이 있었기 때문일 것입니다. 이 선언은 인간의 자유와 평등, 천부인권, 사상과 표현의 자유, 사유 재산의 자유 등 현대 민주주의의 근간이 된 중요한 선언으로 지금까지도 인정받고 있습니다.

1791년 9월 30일 군주제는 입헌 체제로 바뀌었고 왕은 이제 절대 군주가 아닌 단지 행정권의 수권자에 불과하게 되었습니다. 입법권은 의회에 맡겨 갱신하도록 하는 입법의회가 수립되게 됩니다.

하지만 과격파 혁명가들은 군주제 자체를 폐지하고 공화제를 통해 프랑스를 완전히 바꾸려 했습니다. 이런 상황 속에 프로이센과 오스트리아는 자기 국민들이 프랑스와 같은 혁명이 확산하는 것을 막기 위해 프랑스로 침공하기에 이릅니다.

프랑스는 군인들 특히 장교들의 태업으로 계속해서 패전하고 국민군은 붕괴 일보 직전까지 갑니다. 결국 파리의 시민들이 다시 들고일어났습니다. 그들은 패전 책임자들의 처벌과 루이 16세의 퇴위를 강력히 요구했습니다.

1792년 8월 9일 프랑스 시민 대표를 자처한 지구의원들이 파리 시청을 점령하고 파리 자치공동체를 수립했습니다. 이들은 시민들에게 봉기를 호소하였습니다. 결국 루이 16세는 체포되었고 왕당파와 반혁명 죄수들을 집단으로 학살하는 9월 대학살이 일어나게 됩니다.

국왕이 무죄라면 혁명이 유죄가 된다

이런 혼란 속에서 혁명군이 발미 전투에서 프로이센과 오스트리아 연합군에게 승리한 1792년 9월 20일 프랑스 국민 공회 La Convenzione 라 불리는 특별 의회를 소집했습니다. 국민공회는 1792년 9월 21일 군주제를 폐지하고 공화정을 선포함으로써 프랑스 제1공화국이 수립되었습니다.

급진화된 혁명 세력인 산악파(또는 몽티뉴파La Montagne)가 장악한 국민공회는 혁명의 성과를 공고히 하기 위해 루이 16세를 재판에 회부했습니다. 결국 루이 16세에게

루이 16세의 처형

국왕이 전쟁 때 프랑스 정부와 국민을 배신했다는 이유로 사형이 선고되었고, 1793년 1월 21일 혁명 광장 단두대에서 처형되었습니다.

루이 16세의 처형은 유럽 각국에 큰 충격을 줬습니다. 영국, 스페인 등의 군주들은 프랑스 혁명 정부를 적대시하는 대불동맹Coalition을 결성했습니다. 그들이 가장 두려워했던 것은 국왕이 없이도 국가 통치가 가능하다는 혁명사상이 자국민들에게 전파되는 것이었습니다.

자크 루이 다비드 [마라의 죽음]

유럽 군주들에게 공공의 적이 된 프랑스 혁명정부는 영국과 네덜란드에 선전포고하고 대불동맹 전투가 시작되었습니다.

이런 혼란한 상황에서 1793년 7월 13일 산악파의 정신적 지주이자 과격한 혁명가였던 장 폴 마라Jean-Paul Marat가 비교적 온건파였던 지

롱드파^(Girondins)의 지지자였던 샤를로트 코르데^(Marie-Anne Charlotte de Corday d'Armont)에게 암살당하는 일이 벌어졌습니다. 이 사건으로 로베스피에르^(Maximilien François Marie Isidore de Robespierre)는 '방종한 자유의 폐기'를 선언하며 본격적인 공포정치가 시작되게 됩니다.

인권은 철저히 무시당하였습니다. 국가 총동원령이 선포되어 징병제가 실시되었고, 시민들에게 강제적 징발이 이루어졌습니다. 무분별한 가택수색은 물론 혐의만 있어도 바로 체포되었는데 최소한의 변호와 증인 신문마저 폐지했습니다. 선고 방식 또한 극단적이어서 무죄 아니면 사형이었습니다. 왕비 마리 앙투아네트^(Marie Antoinette d'Autriche) 및 수많은 반혁명 혐의자와 반대파들이 약식재판만 거친 뒤 단두대에서 처형되었습니다.

로베스피에르의 공포정치는 노동자들의 지지를 받기는 했지만, 부르주아들과 농민들에게는 그리 환영받지 못했습니다. 결국 국민공회에서 반대파들은 로베스피에르와 지지 세력에게 유죄를 선고하고 생포했습니다. 물론 그들이 했던 재판 방식 그대로 변론조차 하지 못하고 오전에 로베스피에르와 지지 세력에게는 사형이 선고되었고 오후에 집행되었습니다.

로베스피에르의 처형

나폴레옹의 등장과 혁명의 끝

로베스피에르 사후 국민공회는 헌법을 개정하고 총재정부를 수립했습니다. 5명의 총재가 행정권을 원로원과 500인회에서 입법권을 갖는 체제로 운영되었는데, 총재정부는 출범하자마자 이 체제에 반대하는 왕당파의 반란에 직면합니다. 그리고 왕당파는 시민들을 선동해 반란을 일으키는데, 그것이 바로 '방데미에르 13일의 쿠데타[13] Vendémiaire' 사건입니다. 그리고 쿠데타를 조기에 진압한 인물이 바로 27세의 젊은 나폴레옹 보나파르트Napoléon Bonaparte였습니다.

나폴레옹은 이 반란의 성공적 진압으로 국민적인 신임을 얻었고, 군대 내에서도 영향력을 가진 존재가 됩니다. 반면 총재정부는 경제, 사회적 불안에 제대로 대응하지 못하며 민심을 잃게 됩니다.

결국 1799년 11월 9일 나폴레옹은 쿠데타를 일으켜 총재정부를 전복시키고 통령정부를 수립한 뒤 자신이 제1통령 자리에 오릅니다. 프랑스 제1공화국은 나폴레옹의 시대에 돌입하면서 프랑스 혁명은 마무리됩니다.

500인회에 참석한 나폴레옹

프랑스 혁명은 프랑스 사회와 정치에 큰 변화를 불러왔습니다. 귀족들의 특권이 폐지되고 자유와 평등을 강조한 법전이 제정되며 국민들의 정치적 참여가 본격적으로 시작되었습니다. 즉 권력의 중심이 왕과 귀족에서 처음으로 국민에게 옮겨진 역사적인 사건입니다.

물론 프랑스 혁명의 무차별한 폭력성은 비판받아 마땅합니다. 하지만 현대 민주주의와 인권 운동이 근간이 된 프랑스 혁명 자체는 높게 평가받아야 할 것입니다.

타이타닉 Titanic 1997 _ 역사가 된 영화
I'm the king of the world!

영화를 좋아하는 사람들에게 기억에 남는 영화 또는 자신의 인생영화라 부르고 싶은 영화 한 두 편은 있을 것입니다. 〈타이타닉Titanic〉은 제 인생 영화까지는 아니지만 감상한지 오랜 시간이 지났어도 잊을 수 없는 영화 중 한 편입니다.

타이타닉 침몰 사건이라는 아픈 사건을 바탕으로 두 남녀의 애절한 사랑을 이야기한 이 영화를 제 인생에서 잊을 수 없는 이유 중 하나는 타이타닉이 개봉했을 당시 이 영화를 극장에서 무려 7번 감상했습니다. 심지어 재개봉 했을 때 한 번 더 봤으니 저는 타이타닉이라는 영화를 8번이나 극장에서 본 셈 입니다. 타이타닉이 개봉했을 당시 주변 사람들에게 영화를 보자는 약속을 하고 그들에게 '어느 영화가 보고 싶냐?'라는 질문에 대한 답변은 항상 "타이타닉"이었습니다. 쉽게 거절을 못하는 성격이기도 하고 타이타닉을 너무 보고 싶다는 사람들의 말에 어쩔 수 없이 봤었던 기억이 납니다.

또 하나 이 영화를 잊을 수 없는 이유는 지금도 많은 이들에게 잊혀지지 않는 아픈 상처로 남아있는 2014년 4월 16일 세월호 침몰사고가 떠오르기 때문입니다. 지금도 점심을 먹다 뉴스를 보고 전원 구조되었다는 오보를 보고 정말 다행이라며 안심했다가 그날 저녁 믿을 수 없는 침통한 내용의 뉴스를 보고 분노하며 어린 학생들이 무사히 살아오길 간절히 기도했던 기억이 납니다.

타이타닉 침몰사건도 그렇지만 세월호 침몰사고 또한 안전 불감증이 낳은 대형 인재입니다. 다시는 사람의 욕심 또는 안전 불감증으로 발생하는 이런 비극이 절대 일어나지 않아야 할 것입니다.

역사가 된 영화 타이타닉

그동안 글에서는 영화와 연관된 역사적 사건 또는 인물에 대해 글을 썼지만, 이번 타이타닉 편에서는 이미 영화 역사에 한 획을 그은 영화인 타이타닉 영화 자체에 대한 글로 채우려 합니다.

영화 타이타닉은 〈터미네이터$^{\text{The Terminator}}$ 1편과 2편〉, 〈에일리언 2^{Aliens}〉, 〈아바타^{AVATAR}〉 등의 영화를 감독한 '흥행의 제왕'이자 '할리우드

에서 가장 혁신적인 제작자', '완벽주의자' 등의 수식어로 평가받는 제임스 카메론^{James Cameron} 감독이 1997년 연출한 작품입니다.

〈어비스〉라는 해양SF 영화를 연출하는 등 난파선에서 평소 관심을 가지고 있던 제임스 카메론 감독에게 타이타닉은 난파선의 '에베레스트 산'과 같이 정복하고 싶은

침몰한 타이타닉

존재였다고 합니다. 결국 그는 〈트루 라이즈〉를 완성한 뒤 〈타이타닉〉의 각본을 쓰기 시작했습니다. 그는 타이타닉호 침몰이라는 익숙하지 않은 과거의 재난을 관객들에게 감정몰입시키기 위해 매개물이 필요한데 그것을 남녀간의 사랑 이야기라 생각했습니다. 그리고 "잭 도슨^{Jack Dawson}"과 "로즈 드윗 뷰케이터^{Rose Dewitt Bukater}"라는 가상의 두 연인을 주인공으로 내세웠습니다.

많은 사람들은 고전적 스토리에 블록버스터를 접목시킨 이 영화가 〈바람과 함께 사라지다^{Gone with the Wind 1939}〉를 연상시키기는 하지만 그 영화처럼 엄청나게 성공(〈바람과 함께 사라지다〉는 물가상승률을 적용했을 때 지금까지 전 세계 박스오피스 최고 흥행 1위 작품입니다.)하기 어려울 것으로 예측했습니다.

개봉하기 전 타이타닉의 성공을 비관적으로 봤던 이들은 1. 역사적 사실을 다룬 시대극인 점 2. 케빈 코스트너^{Kevin Costner} 주연의 〈워터월드^{Waterworld}〉, 캐롤코 픽쳐스^{Carolco Pictures}를 파산하게 만든 〈컷스토트 아일랜드〉 등 해양이 배경인 영화들의 흥행 실패 3. 상상을 초월하는 금액의 손익 분기점을 가장 큰 이유로 생각했습니다.

타이타닉 세트

완벽주의자인 제임스 카메론 감독은 영화의 세트를 직접 만들었는데, 실제 세트를 만들며 촬영한 제작비는 당시 영화 역사상 최고의 제작비인 무려 2억 달러였습니다. 영화 1분당 제작비가 100만 달러가 넘을 정도로 엄청난 금액이었고, 이런 이유 때문에 타이타닉의 성공을 많은 사람들이 비관적으로 예측했습니다.

역사상 최초로 10억 달러 흥행을 돌파한 영화

많은 사람들의 흥행에 대한 걱정과 여러 우여곡절 끝에 제작된 〈타이타닉〉이 공개되자 영화 평론가들의 극찬이 이어졌습니다. 로저 이버트Roger Ebert 등 유명 평론가들이 타이타닉에 극찬하며 만점을 줬습니다. 1997년 12월 19일 북미에서 처음 개봉한 타이타닉은 경쟁작들에 앞서 주말 박스오피스 1위를 차지했습니다. 그 후에도 극장은 연일 매진이었고 흥행의 기세는 멈추지 않았습니다. 개봉한 지 불과 44일 만에 3억 달러에 진입했고, 쥬라기 공원Jurassic Park이 종전에 기록했던 67일이라는 기록을 훨씬 앞당겼습니다. 그 후 역사상 최초로 영화 수익이 10억 달러를 돌파한 영화가 되었으며, 재개봉까지 합치면 현재까지 22억 달러가 넘는 엄청난 흥행을 기록했습니다. 그리고 여전히 깨지지 않는 기록 중 하나는 북미 박스 오피스 15주 연속 1위인데, 이는 기네스북에 등재된 '가장 오랫동안 박스오피스 1위'를 한 기록입니다.

미국을 넘어 전 세계적인 흥행작이었던 타이타닉은 한국에서도 엄청난 흥행을 했습니다.

과거 멀티플렉스도 없고 정확한 전국 관객 측정이 힘든 시기 타이타닉은 서울에서만 무려 197만 명이 감상했습니다. 현재 천만 관객 영화도 매년 한 두 편 나오는데, 197만은 작은 숫자라는 생각이 들겠지만, 타이타닉의 개봉전까지 국내 최다 관객 영화는 임권택 감독의 서편제였습니다. 하지만 서편제는 아주 어렵게 학생 등 단체를 동원해 100만을 넘겼습니다. 하지만 타이타닉이 관객의 강제적 동원 없이도 거의 그 두 배에 가까운 197만 명이 봤다는 것은 타이타닉이 국내에서도 엄청난 흥행을 했다는 것을 증명합니다.

〈타이타닉〉을 극장에서 볼 때 어떤 때는 표가 없어 기다렸다 다음 상영 시간에 관람하고, 어떤 때는 가장 앞자리에서 불편하게 봤던 기억도 납니다. 그만큼 제 기억에 이렇게 극장에 많은 관객이 모인 광경을 처음 본 영화이기도 합니다.

I'm the king of the world!

1998년 70회 아카데미상 전체 17개 부문 중 14개 부문에 후보로 오르며 〈이브의 모든 것 All About Eve〉와 함께 아카데미상 최다부문 노미네이트 기록을 세웠고 그중 작품상 등 11개 부문을 수상해 당시 〈벤허 Ben-Hur〉가 보유하고 있던 역대 아카데미상 최다 수상도 어깨를 나란히 하게 됩니다.

특히 감독상을 받는 장면은 시상식의 백미였는

아카데미 감독상을 받는 제임스 카메론

데, 감독상을 놓고 굿 윌 헌팅 Good Will Hunting 의 구스 반 산트 Gus Van Sant 감독, 풀 몬티 The Full Monty 의 피터 캐터니오 Peter Cattaneo 감독, LA 컨피덴셜 L.A. Confidential 의 커티스 핸슨 Curtis Hanson 감독, 달콤한 내세 The Sweet Hereafter 의 아톰

에고이안Atom Egoyan 감독 등과 경쟁했습니다.

　시상자는 바람둥이로 유명했던 배우 워렌 비티Warren Beatty였고 그의 입에서 제임스 카메론 감독의 이름이 호명됐습니다. 제임스 카메론은 당시 두 번째 부인이었던 린다 해밀턴Linda Hamilton과 키스를 나눈 뒤 자신의 페르소나Persona 와도 같은 아놀드 슈워제네거Arnold Schwarzenegger 와 서로 주먹을 맞잡은 뒤 시상식 무대에 올라 차분하게 유머가 섞인 수상 소감을 말한 뒤 마지막에 이렇게 외쳤습니다.

　I'm the king of the world!

　바로 타이타닉에서 레오나르도 디카프리오가 하기 싫어했던 대사였지만 그날 그 자리에서 제임스 카메론은 세상의 왕 그 자체였습니다.

　타이타닉은 영화만 성공한 것이 아닙니다. 바로 셀린 디옹Celine Dion 이 부른 주제가인 'My Heart Will Go On' 이라는 노래도 엄청난 성공을 거뒀습니다. 이 노래는 셀린 디옹의 대표곡이자 많은 사람들이 타이타닉OST에서 가장 먼저 떠올리는 곡이기도 합니다.

　하지만 모두가 성공한 것 같은 타이타닉에서 아쉬움이 남는 인물은 남자 주인공으로 출연한 레오나르도 디카프리오Leonardo DiCaprio 입니다.

그는 이 영화에서 괜찮은 연기를 펼쳤음에도 불구하고 어느 영화제서도 남우주연상 후보조차 오르지 못했습니다. 꽃미남의 대명사라 불렸던 외모 때문에 저평가 받았던 그는 계속해서 아카데미상을 외면 받다 드디어 2016년 〈레버넌트 : 죽음에서 돌아온자The Revenant〉로 남우주연상을 받게 됩니다.

완벽한 성공을 이끌어내는 괴팍한 완벽주의자

타이타닉 영화에 대한 이야기를 쓰다 보니 많은 부분이 타이타닉의 시작부터 끝까지 모든 것을 만들었다고 해도 과언이 아닌 제임스 카메론 감독에 대한 이야기가 많을 수밖에 없고 이번 역사 이야기의 마무리도 그를 통해서 할 수 밖에 없을 것 같습니다.

제임스 카메론 감독은 사소한 소품 하나까지 일일이 신경 쓰고 촬영장에서 폭군이라 불릴만큼 괴팍한 완벽주의자에 가깝습니다. 하지만 그런 그의 성격은 노력을 통해 지금의 위치까지

타이타닉 소품

올랐기 때문일 것입니다. 그는 학창시절 SF 소설을 즐겨 읽는 독서광이었고, 대학을 중퇴한 뒤 혼자 영화 공부를 독학으로 했습니다.

그렇게 노력으로 성공을 이룬 그였기에 배우와 스탭의 사소한 실수조차 용납하지 않았을 것입니다. 완벽주의자가 무조건 옳은 것은 아니지만 어려운 일을 성공으로 이끌어내기 위해서는 완벽하게 준비하는 제임스 카메론 감독의 그런 면모도 필요할 것입니다.

〈1917〉 2019 _ 제1차 세계대전
한 시대의 끝과 시작

〈1917〉은 국내 영화 팬들에게 봉준호 감독의 기생충과 아카데미 작품상, 그리고 감독상을 경쟁했던 작품으로 많이 알려져 있습니다. 아카데미상 Academy Awards 의 전초전이라고 하는 골든글로브 Golden Globe Awards 에서 1917이 작품상과 감독상을 수상하며 아카데미에서도 수상이 유력하다 했지만, 이 책을 읽는 분들도 아시다시피 그해 아카데미 작품상과 감독상은 〈기생충〉의 봉준호 감독에게 돌아갔습니다.

영화 〈1917〉은 제1차 세계대전을 배경으로 독일군의 함정에 빠진 아군에게 공격을 중단하라는 중요한 메시지를 전달하기 위해 적진을 뚫고 나가는 사투를 그린 작품입니다. 특히 이 영화는 모든 장면이 하나로 연결된 것처럼 하나의 롱테이크 long take 처럼 보이는 '원 컨티

뉴어스 숏 one continuous shot'으로 촬영된 영화입니다. 이 촬영 기법의 영향으로 영화를 보는 내내 주인공의 시점에서 주인공이 처한 상황을 마치 실제 내가 체험하는 듯한 느낌이 듭니다.

샘 멘더스 감독의 할아버지가 겪은 실제 경험담

감독인 샘 멘더스 Sam Mendes 의 할아버지 알프레드 멘더스 Alfred Hubert Mendes 는 실제 제1차 세계대전 참전자인데 할아버지에게 들은 이야기에서 영감을 받아 각본을 썼다고 합니다. 흔히 제1차 세계대전은 참호전이라 하는데 이

참호에 있는 영국군

영화에서도 참호전과 참혹한 전쟁의 흔적을 관객들에게 생생하게 전달합니다.

제1차 세계 대전 World War I 은 1914년 7월 28일부터 1918년 11월 11일까지 지속된 대규모 국제 전쟁입니다. 주로 유럽에서 전개되었지만, 아프리카와 아시아 그리고 태평양 지역까지 광범위하게 전개되었습니다. 당시 유럽의 국가들은 제국주의 정책을 펼치면서 더 많은 식민지를 차지하기 위해 치열한 경쟁을 벌이고 있었는데, 영국과 프랑스 그리고 러시아가 손을 잡았고, 뒤늦게 식민지 경쟁에 뛰어든 독일은

오스트리아와 한편이 되었습니다.

곪아있던 외교 정치 문제가 터지다

1914년 6월 발칸반도$^{Balkan\ Peninsula}$의 심장부 사라예보^{Sarajevo}에서 열아홉 살 세르비아^{Serbia} 청년 가브릴로 프린치프$^{Gavrilo\ Princip}$가 쏜 총에 오스트리아^{Austria} 황태자 프란츠 페르디난트 부부$^{Franz\ Ferdinand}$가 사망하는 사건이 발생했습니다. 오스트리아는 곧바로 세르비아에 선전포고했고 러시아는 세르비아를 지원하며 동맹국(오스트리아, 독일 등)들과 협상국(러시아, 영국, 프랑스 등)들의 전쟁이 시작됐습니다. 사라예보에서 벌어진 이 사건이 유럽 전체를 전쟁터로 만드는 결과를 초래했습니다.

체포되는 가브릴로 프린치프

기관총, 탱크, 곡사포 등 과거의 전쟁에서 볼 수 없었던 그동안 축적된 과학 기술을 바탕으로 개발된 현대식 무기는 무서운 파괴력을 보여줬습니다. 군인들은 이런 각국의 신무기에 대처하기 위해 참호를 팠고, 참호 속에서 웅크리고 대치하는 시간이 길어지면서 전쟁은 자연스럽게 장기전으로 빠질 수밖에 없었습니다. 독일과 프랑스가 충돌한 서부전선의 참호전 같은 경우 무려 5년 동안이나 계속되었습니다. 이런 참호전의 참상은 전쟁에 직접 참여했던 에리히 레마르크 Erich Maria Remarque 의 소설 〈서부 전선 이상 없다 All Quiet on the Western Front 〉에서도 확인 할 수 있습니다. 전쟁은 화려한 전투가 아닌 끊임없는 공포와의 사투라는 것을 독자에게 보여주는 이 작품은 대표적인 반전 소설이기도 합니다.

지루한 전쟁, 그리고 미국의 참전

전쟁이 장기화 조짐을 보이자 무모한 전쟁을 일으킨 정부에 반대하는 러시아 혁명 같은 운동이 일어나기도 했습니다. 로마노프 왕조를 무너뜨린 러시아 혁명 정부는 독일과 강화조약을 맺으며 전쟁 중지를 선언했습니다.

한편 독일은 잠수함 유보트로 영국 해안을 봉쇄하고 군함은 물론 민간인들까지 공격했습니다. 이때 영국의 여객선 루시타이나 호 Lusitania 에 타고 있던 미국인 백여 명이 사망하는 사건이 발생합

독일의 유보트

니다. 미국은 독일에 사과와 함께 엄중 항의를 했으나 독일은 무제한 잠수함 작전을 계속한다는 발표를 했습니다. 결국 중립을 유지하던 미국은 1917년 4월 제1차 세계대전의 참전을 결정하게 됩니다.

전쟁으로 가장 큰 이익을 보며 세계 최강대국으로 발전하고 있던 미국의 참전은 상황을 바꾸기 충분했습니다. 서부전선에서 독일군이 후퇴하기 시작했고 오스트리아와 뒤늦게 참전했던 오스만 제국은 항복했습니다.

베르사유 협정

1918년 독일은 이미 전세가 기울어 패전이 확정적인 상황이었습니다. 이 때 자살행위와 같은 무리한 명령을 받은 독일 해군들은 킬 군항에서 명령을 거부하며 반란Kiel mutiny을 일으켰습니다. 이 반란은 계엄령을 선포 이후 피폐한 생활을 하던 독일 국민의 호응을 얻게 됩니다. 결국 독일 황제 빌헬름 2세Wilhelm II는 강제로 퇴위 후, 네덜란드로 망명을 떠났습니다. 독일에도 이제 새로운 공화국이 생기게 되었고 1918년 11월 무조건 항복을 발표하며 전사자가 900만 명에 이르고 4천만 명의 사상자를 낸 제1차 세계대전은 막을 내리게 됩니다.

1차 세계대전은 많은 변화를 불러왔습니다.

오스트리아-헝가리 제국과 오스만 제국은 해체되고, 많은 영토를 잃었습니다. 독일 역시 해외 식민지를 모두 잃고 알자스와 로렌을 프랑스에 넘겨주고 폴란드 지역을 독립시키며 많은 영토를 잃게 되었습니다. 그리고 베르사유 조약Treaty of Versailles 으로 인한 독일에 대한 과한 배상금은 결국 아돌프 히틀러Adolf Hitler의 집권으로 이어져 2차 세계대전이 발발하는 중요한 원인이 되기도 했습니다.

승전국인 미국, 영국, 프랑스에는 민주주의가 발전하게 되었고, 미국의 우드로 윌슨Woodrow Wilson 대통령은 민족 자결주의를 제창하였으며, 전쟁의 방지와 세계 평화를 위한 국제 연맹을 설립할 것을 제안했습니다. 그러나 미국은 의회의 반대로 가입에 실패하였고 다시 고립주의에 빠지게 됩니다. 그 결과 미국에는 경제 공황이 찾아오게 됩니다.

승전국 중 제대로 보상을 받지 못해 불만이 많던 이탈리아, 중국에도 변화가 있었는데 이탈리아에는 베니토 무솔리니Benito Mussolini에 의한 파시스트fascism 정권이 들어서게 됩니다. 그리고 중국은 5.4 운동과 공산주의 운동이 전개되기 시작했습니다.

여성의 사회적 참여 계기

제1차 세계대전의 또 다른 의의는 여성의 사회적 참여가 늘어나는 계기가 되었습니다. 1차 세계대전은 전방과 후방의 구분이 없는 총력전의 양상이었습니다. 모든 교전국은 총동원령을 내려 싸울 수 있는 사람은 모두 전쟁터로 보냈는데 일부 여성들은 간호사, 교환원 등으로 군대에 입대하기도 했습니다. 후방의 여성들 또한 남성들이 하던 일을 맡아 공장에서 군수 물자 생산에 동원되거나 농장 등에서 일하며 전쟁을 지원했습니다.

전쟁이 끝난 뒤 여성의 공헌이 어느 정도 인정받을 수 있었습니다. 여성의 사회적 참여와 진출이 늘어나는 계기가 되었고 여성 참정권 운동 등 여성의 권리 향상을 위한 운동이 더욱 다양해지기 시작했습니다. 그렇게 제1차 세계대전은 많은 것을 바꾼 계기가 되었습니다.

여성의 동참을 요구하는 영국의 포스터

하지만 전쟁은 전염병, 기아와 함께 인류를 끊임없이 괴롭히는 재앙입니다. J 그라이트^{J.Grice}의 말처럼 "모든 인류가 가진 죄악의 총합이자 인류 스스로 파멸의 길 걷는 행위"일 뿐입니다.

영화 1917은 병사들 사이로 폭탄이 터지는 장면, 폭격으로 폐허가 된 건물, 동물들까지 모두 죽어있는 농장의 모습, 긴 전쟁에 지친 병사들의 무기력한 모습, 부모가 누군지 모르는 아이를 버려진 아이와 숨어지내는 여성 등 다른 전쟁을 소재로 한 영화들처럼 전쟁의 잔혹함, 비참함을 보여줍니다.

하지만 제가 이 영화에서 가장 기억에 남는 장면은 명령을 수행 중이던 스코필드와 블레이크는 추락해 불타고 있는 독일군 비행기에서 고통스러워하는 조종사를 보게 됩니다. 스코필드는 편하게 보내자며 그 비행사를 죽이려 하는데, 블레이크는 그와 다르게 적군이지만 그를 도와주기로 마음먹습니다. 불타는 비행기에서 꺼내 그를 구해줬는데, 역으로 그 조종사는 도와준 블레이크에게 감사를 표현하는 것이 아니라 스코필드가 잠시 물을 찾으러 간 사이 블레이크를 칼로 찌르는 장면이 나옵니다. 블레이크는 인간미에서 나오는 순수한 선의로 적군을 구했지만, 독일군 조종사 입장에선 아마 자신을 포로로 삼거나 심문하리라 생각해 공격했을지도 모릅니다.

전쟁은 그렇게 순수한 인간 본성이 파괴되는 비극적 순간의 연속일 뿐입니다.

판의 미로 Pan's Labyrinth 2006년 _ 스페인 내전
20세기 정치 사회적 이념의 대격전

　　　　기예르모 델 토로Guillermo del Toro 감독의 〈판의 미로〉의 시간적인 배경은 프란시스코 프랑코Francisco Paulino가 이끄는 반군이 이미 장악한 시기의 스페인을 배경으로 하고 있습니다.

〈판의 미로〉는 내전이 막 끝난 1944년 스페인. 오필리아는 만삭의 어머니와 함께 군인인 새아버지가 부임한 부대 저택으로 이사 옵니다. 정부군 소속인 새아버지는 오필리아에게 냉정하고 무서운 사람이었고, 신비한 숲으로 둘러싸인 저택은 오필리아에게 낯설고 무섭게만 느껴질 뿐이었습니다. 어느 날 오필리아는 숲에서 기괴한 모습의 요정 판을 만나고 판은 보름달이 뜨기 전까지 세 가지 과제를 풀으라고 합니다. 〈판의 미로〉는 동화적 세계관과 스페인 내전이라는 정치적 배경이 혼합된 판타지 영화입니다.

〈판의 미로〉의 배경인 스페인 내전Spanish Civil War은 어니스트 헤밍웨이Ernest Miller Hemingway의 소설 〈누구를 위해 종을 울리나For Whom the Bell Tolls〉, 조지 오웰George Orwell의 소설 〈카탈로니아 찬가Homage to Catalonia〉, 앙드레 말로André Malraux의 소설〈희망L'Espoir〉, 파블로 피카소Pablo Ruiz Picasso의 그림 〈게르니카Guernica〉, 켄 로치Ken Loach감독의 영화 〈랜드 앤 프리덤Land and Freedom〉 등 많은 걸작의 배경 또는 영향을 준 현대사에서 유례없는 이념들의 격전이 벌어진 전쟁입니다.

스페인에서 1936년부터 1939년까지 벌어진 이 전쟁은 러시아 혁명, 제 2차 세계대전과 함께 현대사에 중요한 발자취를 남긴 사건입니다. 스페인 내전은 이념과 계급 그리고 종교가 뒤엉켜 한데 모여

스페인 내전 사진 모음

폭발했는데, 사회주의^{Socialism}, 공산주의^{Communism}, 파시즘^{fascism}, 아나키즘^{anarchism} 등 온갖 정치 이념들의 격전장이었으며, 자본가와 지주 계급과 노동자와 농민 계급이 맞붙은 계급 전쟁이자 민중을 억압하는 권위적인 카톨릭 교회와 자유를 바라는 민중이 정면으로 충돌한 종교 전쟁이기도 합니다.

스페인 내전의 배경

과거 식민지 개척으로 엄청난 부를 누린 스페인의 전성기는 그리 오래 가지 못했습니다. 봉건적이고 권위적인 보르봉 왕조$^{Casa\ de\ Borbón}$는 당연히 시대에 뒤떨어졌고, 주변의 다른 유럽 국가들과의 경쟁에서도 당연히 밀릴 수밖에 없었습니다. 스페인 왕국의 몰락은 19세기 들어 더욱 가속화되었고 드디어 1873년 급진 자유주의자들의 주도하에 최초로 왕정을 종식하고 제1공화국이 수립되었습니다. 그러나 1873년 2월부터 1874년 12월까지 짧은 기간 동안 5명의 대통령이 재임하는 등 제1공화국은 극도의 정치적 혼란 상태를 보였고, 결국 군부는 쿠데타로 알폰소 12세를 왕위로 추대하며 짧았던 공화국의 시대가 끝나고 다시 왕정복고가 이루어졌습니다.

그러나 20세기 들어 부패한 왕정과 독재를 타도하는 목소리를 내며 개혁을 요구하는 민중의 요구는 다시 거세졌습니다. 1931년 4월 지방 선거에서 왕정을 반대하고 공화정을 지지했던 사회주의자, 자유주의자들의 승리로 끝났습니다. 국왕이었던 알폰소 13세$^{\text{Alfonso XIII}}$는 왕좌에서 물러나 프랑스로 망명을 떠나고 2공화국이 출범했습니다.

비교적 온건파 카톨릭 교도이자 부르주아인 니세토 알칼라 사모라$^{\text{Niceto Alcalá-Zamora}}$가 대통령에 당선되었고, 마누엘 아사냐$^{\text{Manuel Azaña Díaz}}$ 같은 사회주의자들이 대거 정부에 참여했습니다. 그러나 교회와 정치의 분리, 군사제도 개편, 토지 개혁 등의 정책은 성직자들의 불만과 군부의 반발을 부를 뿐이었습니다. 거기에 세계 불황의 여파로 경제는 어려워졌고 지지부진했던 토지 개혁은 좌파, 우파 모두에게 불만이 가득했습니다. 결국 마누엘 아사냐 내각은 1933년 퇴진하였고, 그해 열린 총선으로 다시 우파가 집권하게 되었습니다.

그러나 우파는 군대를 동원해 무리하게 노조를 탄압하면서 지지도가 떨어지기 시작했습니다. 결국 1936년의 총선에서는 자유주의자들과 사회주의자들이 연합한 인민 전선이 소선거구제의 이점을 받아 과반을 넘는 숫자로 승리하며 정치적 실권을 다시 장악하게 되었습니다.

국민 진영은 선거 결과에 대한 불만이 컸습니다. 그 와중에 1936년 7월 13일 우파이자 국민 진영의 정치 지도자였던 호세 칼보 소텔로$^{\text{José Calvo Sotelo}}$가 납치당해 살해되는 사건이 벌어졌습니다. 정부는 이 사건의 수사에 대해 소극적인 자세였고, 그의 장례식이 벌어진 날 시위대를 진압했습니다. 국민 진영은, 이 사건을 계기로 군사행동에 들어가 1936년 7월 17일 프란시스코 프랑코가 이끄는 모로코 주둔군을 필두로 군사 반란을 일으켰습니다.

모로코에서 용병을 이끌었던 풍부한 실전 경험이 있는 프란시스코 프랑코가 이끄는 군부의 쿠데타로 시작된 스페인 내전은 스페인 내부의 전쟁이면서 전 세계 강대국들이 개입한 제 2차 세계대전의 전초전 같은 성격이었습니다.

프란시스코 프랑코

독일, 이탈리아 파시즘의 개입

내전을 일으킨 '국민 진영'은 공화 정부를 무너뜨리고 옛 스페인을 되찾자는 파시즘 운동 세력인 팔랑헤당과 보수적 카톨릭 교회, 자본가와 지주 계급 그리고 프란시스코 프랑코가 이끄는 군부 세력이었습니다. 그리고 그에 맞선 '공화 진영'은 자유주의, 사회주의, 공산주의, 아나키즘 등의 세력이 1936년 2월 선거로 집권하게 된 인민 전선 정부를 지키기 위해 집결했습니다. 여기에 전쟁 초반부터 독일과 이탈리아, 포르투갈이 국민 진영을 지원하고 소련이 공화 진영을 지원하면서 내전은 점점 국제전의 양상을 보이게 됩니다.

전쟁은 히틀러^{Adolf Hitler}가 이끄는 나치 독일과 독재자 베니토 무솔리니^{Benito Andrea Amilcare Mussolini}의 이탈리아의 전폭적인 지원을 받는 프랑코 장군이 이끄는 반란파의 우세로 진행되었습니다. 바스크^{Basque}

독일장교에게 지휘 받는 반란군

북부 지방과 아스투리아스^{Asturias} 지방이 차례로 반란군에게 점령되었고, 제대로 된 지원을 받지도 못하면서 내부 분열까지 생긴 공화 진영은 결국 1939년 프랑코가 이끄는 국민 진영에게 수도 마드리드를 사실상 함락당합니다. 제2공화국의 주요 인사들은 프랑스로 망명을 떠나고 반란군을 이끈 프란시스코 프랑코는 서구에서는 보기 드물게 장장 39년 1개월 9일 동안 스페인을 집권하게 되는 역사상 가장 오래 집권한 독재자 중 한 명이 됩니다.

전쟁이 끝난 후 잔혹한 보복이 뒤따랐습니다. 수천 명의 공화 진영의 사람들이 투옥되고 최소 삼만여 명이 처형되었습니다. 그리고 수많은 공화 진영의 사람들과 그 가족들이 강제 노역에 시달렸습니다. 1944년에는 영화 〈판의 미로〉에도 등장하는 프랑코의 독재와 폭정에 저항하는 게릴라 세력이 결성되었고 이들은 프랑코 정권은 물론 프랑스의 레지스탕스^{La Résistance}와 힘을 합쳐 나치 독일에 저항하기도 했습니다.

앞서 스페인 내전에 대해 길게 설명했지만, 스페인 내전의 실상은 시민이 선택한 정부를 군부가 전복하고자 했고, 군부와 반란군에 대한 시민들의 저항이 거세

공화 진영의 시민군

자 독일과 이탈리아라는 타국 파시스트들의 힘을 빌려 자국의 사민들을 무자비하게 학살한 비열한 사건입니다.

개인들의 파시즘에 대한 저항

스페인 내전이 또 다른 의미를 갖는 이유는 한 국가의 내전에 전 세계인들이 자발적으로 참여해 파시즘이라는 불의에 항거한 투쟁이기 때문입니다. 그들의 신분은 학생, 농민, 의사, 교수 등 다양했습니다. 프랑스의 소설가이자 정치가인 앙드레 말로와 미국의 소설가 조지 오웰은 군을 지휘하거나 직접 총을 들고 싸우면서 파시스트들에게 대항했습니다. 미국의 소설가 어니스트 헤밍웨이는 종군 기자로 스페인에서 벌어지는 학살을 전 세계인들에게 고발했고, 훗날 그때의 경험을 살려 소설〈누구를 위해 종을 울리나〉라는 작품을 썼습니다. 파블로 피카소는 붓으로 게르니카 지역에서 벌어진 나치 독일의 학살을 고발하고 비판하기 위해 〈게르니카〉라는 그림을 그렸습니다.

라이언 일병 구하기 Saving Private Ryan 1998 _ 노르망디 상륙작전
전쟁의 잔혹함, 그리고 허무함

명감독 '스티븐 스필버그Steven Spielberg에게 〈쉰들러 리스트Schindler's List〉 이후 두 번째 아카데미 감독상을 안겨 준 〈라이언 일병 구하기Saving Private Ryan〉는 영화 역사상 가장 뛰어난 전쟁 영화 또는 전쟁 영화의 교과서 같은 높은 평가를 받는 명작입니다.

특히 전투신은 사실적인 묘사로 평론가와 관객 모두에게 극찬받았었는데요. 실제 2차 세계대전 참전 용사들은 이 영화를 보고 '그때와 다른 것은 냄새뿐이었다.'라는 인상적인 인터뷰를 남겼으며, 일부는 관람하며 PTSD 증세를 일으키기도 했습니다. 마치 지금 내가 그 당시 전쟁터에 있는 것 같은 완벽한 고증 덕분에 〈라이언 일병 구하기〉는 〈블랙 호크 다운〉과 함께 전쟁을 배경으로 하는 영화뿐만 아니라 드라마, 게임 등 다양한 분야에 큰 영향을 미쳤습니다.

제2차 세계 대전 중인 1944년 프랑스가 배경인 라이언 일병 구하기는 네 형제가 전쟁에 참전했지만, 세 형제는 이미 전사하고, 적진에서 실종된 막내 라이언 일병을 존 밀러 대위가 팀을 구성해 안전하게 집으로 데려오는 임무를 수행하는 과정을 그린 영화입니다. 개인적으로 한 명을 구하기 위해 여덟 명이 목숨을 걸어야 하는 상황에서 '한 명의 생명이 여덟 명의 생명보다 소중한가?' 라는 의문이 들기도 했습니다.

라이언 일병 구하기는 시작부터 강렬하고 충격적인 전쟁의 광경을 관객에게 보여줍니다. 약 15만 6천여 명의 병력이 동원된 인류 역사상 최대 규모의 상륙 작전이자 제2차 세계대전의 향방을 바꾼 계기가 된 노르망디 상륙작전은 유타^{Utah}, 오마하^{Omaha}, 골드^{Gold}, 주노^{Juno}, 소드^{Sword} (지명이 아닌 작전명) 이렇게 다섯 개의 해변에서 작전이 동시에 진행됐습니다. 〈라이언 일병 구하기〉의 초반 상륙 작전이 벌어지는 지역은 바로 최고의 격전지였고, 연합군의 피해가 가장 컸던 오마하 해변이었습니다. 영화 초반 30분 정도 진행되는 오마하 해변 상륙 작전은 영화 역사상 최고의 전쟁 시퀀스^{Sequence}(여러 가지의 신들이 모여 하나의 이야기를 나타내는 것)라고 해도 과언이 아닙니다.

D-DAY 작전명 넵튠(Neptune)

1941년 독소전쟁이 시작되고 동부전선에서 독일과 치열한 전쟁을 하던 소련은 미국과 영국 연합군에 프랑스에 전선을 구축할 것을 강력히 요청했습니다. 1943년 11월 미국의 프랭클린 D. 루스벨트$^{Franklin\ Delano\ Roosevelt}$ 대통령, 영국의 윈스턴 처칠$^{Winston\ Churchill}$ 수상, 소련의 이오시프 스탈린$^{Joseph\ Stalin}$

테헤란 회담 (스탈린, 루스벨트, 처칠)

공산당 서기장은 테헤란 회담$^{Tehran\ Conference}$에서 결국 1944년 5월 1일까지 프랑스 북부에서 상륙작전을 실행할 것을 협의하였습니다.

1943년 동부전선에서 소련이 스탈린그라드 전투 등에서 승리를 거두자, 독일은 동쪽 전선의 공백을 메꾸기 위해 서부 전선의 병력을 동부 전선으로 이동시켰습니다. 결국 서부 전선이 약해지자, 연합군은 프랑스 해안의 상륙 작전(작전명 오버로드^{Overlord}는 북부 유럽 침공 작전, 노르망디 상륙 작전의 작전명은 넵튠^{Neptune}이었다.)을 검토했습니다.

상륙작전이 검토된 곳은 프랑스의 파드칼레$^{Pas-de-Calais}$, 브르타뉴^{Bretagne}, 코탕탱^{Cotentin}, 그리고 노르망디^{Normandie}였는데 지형적인 요소 등을 고려한 결과 노르망디로 결정됐습니다. 상륙 작전의 성공을 위해 연합군은 독일군의 관심을 다른 지역으로 돌리는 작전이 필요했습니다. 그 작전은 바로 포티튜드 작전$^{Operation\ Fortitude}$이었고, 이 작전의 핵심은 연합군의 상륙지역이 노르망디가 아닌 칼레^{Calais}로 오판하게 하는 것이었습니다.

연합군의 독일에 대한 기만 작전은 성공을 거둬 독일군은 칼레 지역에 방어를 집중했고, 한 가지 실수를 더 했는데, 악천후 때문에 상륙할 수 없을 것으로 여겨 지휘관들이 자리를 비우는 등 안심하고 경계를 느슨하게 했습니다.

그럴만도 한 게 연합군이 D-Day로 잡은 6월 4일은 상륙 작전을 펼칠 수 없을 정도로 파도가 심했습니다. 그러나 6월 6일 날씨가 잠깐 갠다는 예보를 들은 연합군의 사령관 드와이트 D. 아이젠하워$^{Dwight\ David\ Eisenhower}$는 결국 상륙 일을 6월 6일로 결정했습니다.

상륙작전의 개시

1944년 6월 6일 미국, 영국, 캐나다와 자유 프랑스 군이 참여한 공수부대의 야간 투입 작전이 있었고 아침 6시 30분 드디어 본격적인 상륙 작전을 개시했습니다. 상륙 지역으로 선정된 다섯 곳 중 미국은 유타,

작전을 지휘받는 공수부대

오마하, 영국군은 소드, 골드, 캐나다 군은 주노에서 상륙을 시도했습니다. 유타, 소드, 골드, 등의 해변에서는 먼저 투입된 공수부대의 활약 및 독일군의 큰 저항이 없어 대부분 큰 피해 없이 상륙할 수 있

었습니다. 주노 해변에서 독일군의 저항으로 피해가 있었긴 했지만 기갑 부대의 활약으로 교두보 확보에 성공하며 무사히 상륙할 수 있었습니다.

하지만 콘크리트로 지은 단단한 요새와 중화기로 무장된 병력 등 노르망디 지역에서 비교적 방어가 탄탄한 해변이었던 오마하 해변에서 연합군의 피해는 가장 컸습니다. 상륙정이 파괴될 우려가 있어 공군의 폭격이 제대로 이루어지지 않아 파괴되지 않은 상태의 체코 고슴도치(체코 헷지호그)$^{Czech\ hedgehog}$ 대전차 방호벽), 철조망 그리고 대인지뢰 등이 연합군의 전차와 병력을 기다렸습니다.

특히 주변 바닥보다 수심이 얕은 볼록한 모래톱 지형 때문에 일부 상륙정이 예정했던 지점에 도달하지 못하고 적 요새 근처에서 상륙하는 바람에 상륙정의 문이 열리자마자 독일군의 기관총 세례가 쏟아

오마하 해변에 상륙하는 연합군

져 병사들은 쓰러지고 말 그대로 몸이 산산조각이 나는 아비규환의 상황이 벌어졌습니다. 독일군의 기관총을 피해 바다로 뛰어든 병사 중에는 군장의 무게를 견디지 못하고 익사한 병사도 있었습니다.

독일군의 강력한 저항을 뚫고 어렵게 상륙의 돌파구를 열어 해안은 점령했지만, 연합군은 내륙으로 들어갈 수 없었습니다. 독일군이 차량의 이동이 가능한 루트를 모두 봉쇄했기 때문이었습니다. 결국 해안에 상륙한 보병들이 독일군의 방어 거점을 하나씩 무너뜨려 돌파구를 만들 수 있었습니다. 오마하 해변에서 투입된 50,000명의 병사 중 무려 3,000명 이상의 사상자가 나왔고, 연합군이 D-DAY 첫날 달성하려 했던 목표는 결국 3일 후에나 달성할 수 있었습니다.

전쟁의 참혹함 그리고 허무함

〈라이언 일병 구하기〉의 초반 30분 오마하 해변 상륙 작전은 마치 내가 현장에 있는 듯한 생생한 몰입감을 선사합니다. 독일군의 기관총 세례와 포탄이 쏟아지는 와중에 곳곳에서 장병들이 쓰러지는 모습이 나옵니다. 한쪽 팔이 잘린 병

오마하 상륙작전의 부상자들

사가 넋이 나간 채 잘린 팔을 찾아다니고, 기관포에 온몸이 터져 버리기도 하며, 폭격으로 다리가 잘리는 장면을 여과 없이 보여줍니다. 말 그대로 사람의 몸이 조각나고 터지는 장면은 차마 눈을 뜨고 보기 힘들었습니다.

기존 일부 전쟁 영화들이 승전국의 미화, 갑자기 모든 사건이 해결되는 데우스 엑스 마키나(Deus ex machina 매우 갑작스럽게 모든 문제가 해결되고 이를 정당화하는 인물 또는 사건이 발생하는 것) 같은 상황이 벌어지는 허황된 연출을 보여줬지만, 라이언 일병 구하기에는 영웅도 그리고 승전국인 연합군을 미화하지 않습니다. 다만 전쟁의 참혹한 피해 그리고 허무함만 보여줄 뿐이었습니다.

　전쟁은 패배자도 승리자도 스스로 파멸을 선택하는 행위입니다. 지금도 전쟁을 옹호하는 사람들이 있다면 라이언 일병 구하기를 꼭 감상하길 아니 적어도 영화 초반 30분만 이라도 보길 바랍니다. 전쟁은 그리도 잔인한 것입니다.

암살 2015 _ 일제 강점기 독립투사와 친일파

"알려줘야지. 우리는 계속 싸우고 있다고."

"몰랐으니까. 해방될지 몰랐으니까! 알면 그랬겠나!"

암살은 2015년 개봉한 영화입니다. 이 영화는 일제강점기 때 조선 총독과 친일파 암살 사건을 소재로 한 영화입니다. 특히 이 영화에는 가상의 인물 외에 실제 독립운동을 했던 독립운동가들도 나오는데, 좌익 사회주의자 그리고 월북했다는 이유로 그동안 미디어에 많이 소개되지 않았던 약산 김원봉金元鳳이 비중 있는 배역으로 등장한 영화이기도 합니다.

암살은 개봉 당시 천만 명 이상의 관객을 동원하며 흥행에 성공했습니다. 그리고 암살은 그동안 조명 받지 못하던 김원봉을 비롯하여 잊혀가던 독립운동가의 삶과 희생 그리고 밀정과 친일파에 대해 재조명했다는 의의가 있는 영화입니다.

이 영화에는 김구^{金九}, 김원봉, 이완용^{李完用} 등 실제 인물들과 안옥윤, 염석진, 하와이 피스톨 등 가상의 인물이 등장합니다.

김구(호 백범^{白凡} 1876~1949)는 일제 강점기의 독립 운동가자 대한민국의 정치인입니다. 일제 강점기시기 대한의열단체인 한인애국단을 이끌며 항일무력 활동을 주도했습니다. 그 후 대한민국 임시정부 주석을 역임했으며, 8·15 광복 이후 귀국한 뒤 한국독립당의 위원장으로 신

김구

탁통치 반대운동을 주도했습니다. 1948년 남한만의 단독 총선거를 한다는 국제연합의 결의에 반대하여 통일정부수립을 위한 남북협상을 제창하였지만, 통일 정부수립은 결국 실패했습니다. 1949년 6월 26일 경교장^{京橋莊}에서 안두희 소위에게 암살당했습니다. 그의 장례는 국민장으로 치러졌으며 효창공원에 안치되었습니다.

나 밀양 사람 김원봉이오

영화 암살에서 조승우 배우가 연기한 김원봉(호 약산^{若山} 1898~1958)은 일제강점기 독립투사로 의열단^{義烈團}, 조선의용대 등을 조직해 일본에 대한 무장투쟁에 앞장선 인물입니다. 1916

김원봉

년 중국으로 건너간 김원봉은 1919년 2월 신흥무관학교에 입학합니다. 그해 11월 '천하에 정의로운 일을 맹렬히 실행한다'라는 뜻을 가진 의열단을 신흥무관학교 동료들과 조직한 그는 일제와의 무장 투쟁을 본격적으로 시작합니다.

  1920년 부산, 밀양 경찰서 폭탄 투척, 1921년 조선총독부 폭탄 투척, 1923년 종로경찰서 폭탄 투척 등 국내 일제 기관의 파괴, 암살 등 무정부주의적 투쟁을 전개했습니다. 특히 김원봉과 함께 처음 의열단을 조직한 단원들은 광복이 되는 순간까지 단 한 명도 배신하지 않고 끝까지 활동했다고 합니다. 1926년 1월 의열단을 소집한 그는 돌연 해산을 선언합니다. 단원들의 반대가 있었지만, 김원봉은 민중을 무장시키기 전에 자신부터 무장하리라 결심하고 일개 생도로 군관학교에 입학하여 군사교육을 받겠다고 선언합니다. 결국 황포군관학교의 생도로 입학한 그는 장제스 정부, 중국 공산당과 인연을 맺게 됩니다. 졸업과 동시에 국민혁명군 소위로 임관되어 황포 군관학교 군관단에 소속된 그는 중국 국민당의 북벌北伐에 참여하기도 했으며, 1932년 난징에서 조선인혁명간부학교를 창설할 때는 중국 국민당계의 도움을 받기도 했습니다.

  1937년 중일전쟁이 발발하자 우한武漢으로 가 조선민족혁명당이 중심이 되어 여러 독립단체와 함께 조선민족전선연맹을 결성하여 대일 선전에 주력했습니다. 1938년에는 중국 국민당의 동의를 얻어 조선의용대를 편성하고 대장에 올랐습니다. 김구와 함께 각 혁명단체가 공동 정강하에 단일 조직을 만들 것을 내용으로 하는 '동지 동포에게 보내는 공개서간'을 발표하기도 했습니다.

1942년 조선의용대를 이끌고 한국광복군에 합류하여 임시정부의 군무총장이 되어 군부를 총괄한 그는 광복군 부사령관, 임시정부의 군무부장, 광복군 제1지대장 등을 역임하여 독립운동에 전념하였습니다.

그토록 염원하던 광복 후 좌우합작을 추진하였으나 남한만의 단독정부 수립이 본격화되자 김원봉은 1948년 월북했습니다. 북한 정부에 참여한 그는 북한 최고인민회의 대의원을 비롯해 최고인민회의 상임위원회 부위원장 등을 역임했지만 1958년 11월 북한의 김일성 체제 강화 과정에서 숙청된 것으로 알려졌습니다.

안옥윤 (안중근, 김상옥, 윤봉길) _ 남자현

배우 전지현이 맡은 안옥윤의 이름은 안중근安重根, 김상옥金相玉, 윤봉길尹奉吉 이렇게 3명의 독립투사 이름을 한 글자씩 따서 만들었습니다. 그리고 실제 대표적인 여성 독립운동가 남자현南慈賢을 모델로 하고 있습니다.

남자현은 일평생 조국의 자주독립을 위해 싸우다 옥고로 순국했습니다. 남편 김영주가 의병으로 일본군과 싸우다 전사하자 그녀는 자녀들을 기르며 독립운동에 전념했습니다. 1919년 3·1운동에 참여한 후 중국으로 넘어간 그녀는 서로군정서에 참여하고, 10여개의 여성교육회 등을 조직하며 독립운동은 물론 여성 계몽에도 힘썼습니다.

남자현

그녀는 만주 지역 무장 독립운동 단체의 통합을 추진할 때 적극적으로 참여했고, 무장 투쟁이나 독립운동에 적극 후원하고 참여했습니다. 특히 1925년에는 국내로 잠입하여 총독 사이코 마코토^{齋藤實}의 암살을 계획했으나 실패하기도 했습니다.

1933년 관동군 사령관인 무토 노부요시$^{武藤\ 信義}$의 암살을 기획했지만, 밀정의 밀고로 체포됩니다. 그녀는 60이 넘은 나이임에도 6개월간 갖은 고문을 당하고, 단식 투쟁 끝에 건강을 잃게 됩니다. 이후 병보석으로 풀려난 남자현은 얼마 되지 않아 생을 마감하게 됩니다.

그녀는 임종을 지켜보는 손자에게 '사람이 죽고 사는 것이 먹고 안 먹는 것에 있는 것이 아니다. 정신에 있다.'라는 말을 남긴 뒤 아들에게 하얼빈의 화폐 248원을 주며 '이 돈을 독립 축하금으로 바쳐라.

만일 너의 대에 독립을 보지 못한다면 너도 유언해 실행해라.' 라 말한 뒤 60세의 일기로 세상을 떠났습니다.

한 평생, 독립을 위해 바친 그녀를 사람들은 '독립군의 어머니'라 부르며 존경했습니다. 그리고 1962년 여성 중 유일하게 독립유공자 2등 훈장을 수여받았습니다.

염석진 _ 염동진 그리고 밀정

배우 이정재가 연기한 염석진이라는 인물은 독립운동가였지만 밀정이 되어 독립군을 밀고하고 광복 후에도 경찰 고위직이 된 인물입니다. 그의 이름은 중공에서 배신자로 통하는 염석산과 밀정으로 의심받던 염동진廉東振의 이름을 섞은 것으로 예측됩니다.

염동진은 중국 국민당의 남의사를 모방한 일제강점기와 해방정국의 극우 테러단체인 백의사白衣社를 조직한

염동진

것으로 잘 알려진 인물입니다. 김구와는 영화 암살에서처럼 애증이 교차하는 관계였으며, 중국군으로 복무했던 그는 공산당에 고문을 당해 실명하였습니다.

그는 해방 이후 미 군정기 혼란한 상황에서 송진우宋鎭禹, 여운형呂運亨, 장덕수張德秀 등 많은 정치인을 암살하고 테러를 자행한 백의사의 총

사령관이었습니다.

그가 만주에서 독립운동 할 당시 관동군에게 체포된 후 관동군의 밀정으로 활동했다는 주장도 있습니다. 명확한 근거는 없어 친일반민족행위자에는 등재되지 않았지만, 2021년 계간지 역사비평에서 "염동진은 1936년 3월 관동군 통화현 신성지 헌병대에 체포돼 밀정이 되었으며, 1944년 3월 통화헌병대의 밀정으로 일했다."라고 밝혔습니다.

특히 그가 한순간의 실수나 생존을 위한 일시 방편으로 관동군 헌병대의 밀정이 된 것이 아니라 직업적 밀정이었다고 해 더 큰 충격을 줬습니다.

염동진으로 말미암아 얼마나 많은 독립운동가와 독립 단체가 피해를 보았는지 알 수는 없지만 김구, 지청천池靑天, 김원봉에 대한 정보를 일본에 넘겼을 가능성이 있다고 했습니다.

민족반역자였던 염동진은 자신의 극우 테러가 독립운동의 연장인 것으로 위장했고, 한국인들이 해방으로 기뻐할 때 미소 분할 점령과 냉전의 전개 속에 생존 기회와 출세를 노렸다고 주장했습니다.

염동진이 정말 밀정인지 억울하게 밀정으로 누명을 씌운 것인지 정확히 밝혀지지는 않았지만, 계속해서 밀정설이 나오고 새롭게 구체적 증거가 계속 나오는 것을 보면 전자에 무게가 실리고 있습니다.

한국의 독립운동은 한계를 가지긴 했지만, 한국이 일본의 지배에서 벗어나 독립할 수 있는 결정적인 영향을 미친 것은 분명합니다. 독립운동 과정은 동시에 자유주의 민주주의 이념과 자본주의적 민주 공화정의 건국 운동 과정이기도 했습니다.

임시정부 환국 기념 촬영

영화 암살을 연출한 최동훈 감독은 개성 있는 캐릭터와 맛깔나는 대사를 쓰는 것으로 유명합니다. 이 영화에서도 우리가 명대사라 부를만한 훌륭한 대사가 많은데, 만주에서 독립운동하던 안옥윤은 '조선군 사령관하고 친일파 죽인다고 독립이 되냐?'는 질문에 "둘을 죽인다고 독립이 되냐고? 모르지. 그치만 알려줘야지. 우린 계속 싸우고 있다고."라고 답합니다.

이 대사는 독립운동가들이 왜 독립운동했는지 가장 잘 보여주는 대사였습니다. 우리나라에서 그리고 멀리 중국 만주 등 타국에서 독립운동 했던 사람들의 마음이 저랬을 것이라 생각해봅니다.

반면 변절한 친일파의 심리를 대변하는 대사는 '왜 동지를 팔았냐?'라는 질문에 대한 염석진의 대사로 설명할 수 있습니다. 그는 "몰랐으니까. 해방될지 몰랐으니까! 알면 그랬겠나."라고 변명합니다. 누군가가 목숨을 걸어 독립을 위해 싸울 때 그들은 동지를 팔아가며 변절하고 일본에 붙었습니다.

영화의 말미 안옥윤이 염석진에게 "16년 전 임무, 염석진이 밀정이면 죽여라. 지금 수행합니다."라 말하며 총을 쏩니다. 암살 영화와 다르게 현실에서 우리는 밀정, 친일파에 대한 임무는 완수하지 못했습니다. 이제는 친일파와 밀정들을 다시 심판할 수는 없을 것입니다. 하지만 우리는 독립운동가도 친일했던 사람들의 역사도 절대 잊어서는 안 될 것입니다.

쉰들러 리스트 Schindler's List 1993 _ 홀로코스트
한 생명을 구함은 전 세계를 구함이다

쉰들러리스트 Schindler's List 는 스티븐 스필버그 Steven Spielberg 감독이 실제 인물인 독일계 체코인 사업가 오스카 쉰들러 Oskar Schindler 의 이야기를 소재로 만든 영화입니다. 예루살렘에 묻힌 유일한 나치 당원이자 사업가인 오스카 쉰들러가 유대인들을 구하기 위해 고군분투하는 내용을 담고 있습니다.

오스카 쉰들러는 처음부터 의인은 아니었습니다. 그는 자발적으로 나치 당원이 되었고, 나치 장교들과 인맥을 바탕으로 돈을 벌어들이는 사업가였습니다. 폴란드에 공장을 세우고 유대인들을 고용한 이유도 유대인들에게는 임금을 줄 필요가 없다는 이유 때문이었습니다.

부패한 기회주의자였던 그가 유대인들을 구하게 된 계기는 '크라쿠프의 살인자'라 불리는 아몬 괴트$^{Amon\ Leopold\ Göth}$의 명령으로 독일군은 유대인들을 남녀노소 가리지 않고 잔인하게 학살합니다. 그는 멀리서 유대인 거주지인 게토^{ghetto}를 쑥대밭으로 만드는 광경을 보며 충격 받은 그는 유대인들을 구하기로 결심합니다.

그는 군수품 공장에서 일할 노동자가 필요하다는 이유로 독일군 장교에게 뇌물을 주며 크라쿠프에 있는 유대인들을 자기 고향으로 빼돌렸습니다. 1,100여 명의 유대인을 죽음의 수용소에서 구한 그에게 남은 재산은 없었습니다.

1945년 드디어 전쟁이 끝나고 유대인들은 자유의 몸이 되고, 나치 당원이었던 쉰들러는 이제 전범으로 체포될지도 모르는 상황에 부닥칩니다. 자신이 살린 유대인들은 쉰들러에게 감사의 인사를 하며 두 가지를 건넵니다. 하나는 혹시 그가 체포될 것을 우려해 모든 유대인의 서명이 담긴 유대인들을 구했다는 내용의 편지였고 다른 하나는 유대인들이 직접 만든 반지였습니다.

그리고 그 반지에는 '한 생명을 구함은 전 세계를 구함이다.' 라는 탈무드의 문구가 적혀있었습니다. 반지를 선물 받은 쉰들러는 더 많은 유대인을 구하지 못했다고 자책하며 오열합니다.

그 후 인간 말종이자 광기어린 학살자 아몬 괴트의 최후를 보여주고 쉰들러의 전쟁 이후 삶에 관한 이야기가 짧게 자막으로 나온 뒤 그동안 흑백 화면이었던 영화는 컬러 화면으로 전환됩니다. 그리고 쉰들러가 구했던 유대인들, 그리고 그 후손들과 영화에 참여했던 배우들이 쉰들러의 묘에 참배하는 모습으로 영화는 끝납니다.

홀로코스트는 제2차세계대전 중 독일의 나치에 의해 자행된 대학살을 말합니다. 1941년부터 1945년까지 독일군 점령지 전반에 걸쳐 유대인, 집시, 동성애자, 장애인, 여호와의 증인 등 무려 1,100만 명의 민간인과 전쟁포로를 학살했습니다. 특히 유럽에 거주하던 유대인의 2/3

수용소의 집단 무덤

에 해당하는 600만 명이 사망했습니다. 나치의 학살은 인종청소라는 명목으로 남녀노소 가리지 않았는데 그 희생자 중에는 100만 명 이상은 어린이였습니다.

제2차세계대전 이전부터 유럽에서 유대인들을 향한 감정은 그리 좋지는 않았습니다. 그런데 특히 독일에서 유대인에 대한 감정이 반감을 넘어 혐오에 이르게 된 배경은 제1차세계대전의 항복이 결정적이었습니다. 독일은 베르사유 조약으로 모든 식민지를 잃고 막대한 보상금으로 파멸 직전까지 이르렀습니다. 제1차세계대전의 패배 원인이 유대인들과 공산주의자들의 병역기피와 선동, 탈영 등의 이유라는 주장이 펼쳐졌고, 유대인은 자본가의 이미지가 있어 반유대 감정은 폭발적으로 확산하였습니다.

크라쿠프의 게토

그리고 나치당이 집권하게 되면서 아돌프 히틀러는 유대인들을 향한 탄압과 차별을 본격적으로 도입했습니다. 1935년 도입된 뉘른베르크 인종 차별법$^{Nürnberger\ Gesetze}$을 바탕으로 유대인을 향한 법적 차별이 시작됐습니다. 유대인들은 사회에서 배척되었고 집단수용소를 지은 뒤 그곳으로 격리되었습니다. 영화 쉰들러 리스트에도 나온 것처럼 그들은 각종 노역에 강제로 동원되었고, 수용소 내에서 전염병에 걸리거나 영양실조 등으로 사망하기도 했습니다.

그리고 나치는 유대인을 게토에 수용한 후 집단 학살 수용소로 이동시켰습니다. 집단 학살 수용소에 도착한 유대인들은 차례대로 샤워실로 위장된 가스실에서 최후를 맞았습니다.

마즈다넥 수용소의 가스실

열차에 실려 온 사람 중 병약한 사람이나 노인, 어린이들은 즉각

샤워실로 보내졌습니다. 희생자들의 유품은 재활용품으로 사용되었으며, 장신구와 금니 등은 금괴로 만들었습니다. 또한 희생자들의 머리카락을 모아 카펫을 짜기도 했으며, 뼈를 갈아 비료로 사용하는 만행도 저질렀습니다. 나치는 이런 유대인에 대한 학살을 '살 가치가 없는 생명'이라는 표현으로 정당화하려 했습니다.

나치가 용서받을 수 없는 점은 그들은 인간을 대상으로 생체 실험을 자행했다는 점입니다. '죽음의 천사'라 불렸던 요제프 멩겔레$^{Josef\ Rudolf\ Mengele}$는 생체 실험을 한 의사 중 가장 악명 높은 인물이었습니다. 그는 아우슈비츠 수용소$^{Auschwitz\ concentration\ camp}$에서 근무하며 가스실로 보낼 유대인과 강제노역에 동원할 유대인을 선별 작업을 담당하며 잔인하게 유대인들을 대상으로 외과 실험을 했습니다. 아이들의 눈에 염색약을 주사해 눈 색깔을 바꾸는 실험, 마취하지 않은 상태에서 늑골 적출, 여성을 대상으로 한 불임 수술 등 끔찍한 실험을 자행했습니다. 그는 유대인을 인간이 아닌 단지 실험 재료로 생각할 뿐이었습니다.

제2차세계대전이 막바지에 이른 1945년 1월 폴란드의 대부분 지역이 해방되었습니다. 아우슈비츠 등의 수용소에 있던 유대인들은 독일 본토의 수용소로 보내졌습니다. 그리고 이어진 연합군의 독일 본토 침공으로 독일 곳곳에 있던 수용소들이 해방되며 유대인들이 구조되기도 했습니다. 하지만 수용소의 유대인들과 학살의 증거를

본 연합군은 충격 받았고, 일부 수용소에서는 연합군들이 분노하여 수용소에서 근무하던 나치 친위대들을 재판 없이 사살했다고도 합니다.

홀로코스트는 인류 역사상 가장 악명 높은 범죄 중 하나로 꼽힙니다. 나치에 의한 대량 학살에 대한 국제적인 공감이 커지면서, 유대인을 비롯한 학살 피해자들을 기리고 추모하기 위한 다양한 기념일과 기념비가 세워지게 되었습니다. 특히 1970년 폴란드 바르샤바 게토 유대인 추념비에서 쏟아지는 폭우를 맞으며 독일의 빌리 브란트^{Willy Brandt} 총리가 눈물을 흘리면서 무릎 꿇고 사과한 사건은 유명하기도 합니다.

크니팔 폰 바르사우 기념비

홀로코스트는 인류에게 큰 충격을 안겨주었고, 이러한 비극을 반복하지 않기 위해 국제사회에서는 인권과 편견 없는 대우에 대한 노력이 계속되고 있습니다.

언터처블 The Untouchables 1987 _ 알 카포네, 금주법 그리고 마피아

내가 술을 팔면 밀주,
은쟁반에 내놓으면 접대라 부른다

언터처블The Untouchables은 브라이언 드 팔마 감독의 1987년 영화입니다. 영화의 배경은 1930년대 금주법 시대의 미국 시카고입니다. 밀주 밀매로 엄청난 부와 권력을 거머쥔 밤의 대통령이라 불리는 마피아 대부 알 카포네Al Capone를 체포하려는 재무부 소속의 연방 비밀검찰국 엘리엇 네스Eliot Ness와 밀주 단속요원들의 이야기를 담고 있습니다. 영화에는 실존 인물과 가상의 인물들이 등장하는데, 명배우 로버트 드니로Robert De Niro가 강렬한 카리스마를 보이며 알 카포네를 연기했고, 케빈 코스트너Kevin Costne가 알 카포네를 체포한 전설적인 법무 수사관 엘리엇 네스를 연기했습니다.

제목 언터처블은 실제 엘리엇 네스를 부르던 별명이기도 합니다. 영화에서는 당시 경찰을 포함한 공무원 정치인들이 거의 뇌물 또는 협박으로 모두 알 카포네를 두려워하고 경계했지만, 알 카포네를 체포하려는 엘리엇 네스의 수사팀을 시카고의 유력 언론인 시카고 데일리 뉴스Chicago Daily News에서 언터처블이라 표현

엘리엇 네스

하면서 사람들은 그들을 돈으로 매수할 수 없는 사람이라는 의미로 부르기 시작했습니다.

이 영화는 로버트 드니로, 케빈 코스트너 이외에도 출연진이 화려했는데, 특히 엘리엇 네스의 정신적 지주 같은 역할을 하는 지미 말론 역의 숀 코너리Sean Connery는 그동안 상복이 없었는데, 이 영화로 드디어 아카데미 남우조연상을 수상하기도 했습니다.

이 영화는 특히 영화 음악계의 전설인 엔리오 모레꼬네Ennio Morricone가 작곡했는데, 강렬하고 긴박감 넘치는 음악이 일품입니다. 기회가 된다면 한 번 꼭 들어보시길 바랍니다.

실패로 돌아간 금주법

술의 제조와 판매, 수출입 등을 금지한 금주법은 역사상 한국은 물

론 다양한 국가에서 시행된 적이 있습니다. 언터처블의 배경이 되는 미국의 금주법시대Prohibition era는 금주법을 비준한 1919년부터 1933년의 기간을 말합니다.

압수된 밀주를 들고 있는 경찰관

미국 금주법의 배경에는 개신교 단체들의 로비와 맥주를 만드는 독일인들에 대한 반감 그리고 음주 남용으로 인한 사회 문제를 줄이기 위함이었습니다. 많은 사람은 이 법이 악법이라 생각하고 실제 악법이 맞지만, 법이 시행된 기간 중 미국의 알코올 소비량이 절반 이하로 줄어들기는 했습니다. 그러나 금주법을 완벽하게 실시하기 어려웠고, 밀주와 밀매가 마피아 같은 갱단이 성장하게 된 배경이 된 것은 부정할 수 없는 사실입니다.

결국 금주법은 여러 부작용 끝에 시민들의 환호를 받으며 1933년 폐지되었습니다.

공공의 적 Public Enemy 알 카포네

알 카포네는 금주법 시대 범죄 활동을 주도한 대표적인 마피아 보스이자 미국 조직범죄의 상징과도 같은 인물입니다. 그는 뺨의 상처 때문에 언론에서 스카페이스Scarface라는 별명으로 불렸습니다. 어린 시절부터 갱단과 어울리길 좋아하고 폭력적인 모습을 보였던 알 카포네는 1919년 금주법 시대 가장 영향 있던 마피아 중 한 명인 '여우 The Fox'라는 별명의 조니 토리오^{Johnny Torrio}의 시카고아웃핏^{Chicago Outfit}에 몸을 담게 됩니다.

이후 많은 영화의 소재로도 사용된 아일랜드 마피아와 밀주 사업 문제로 전쟁이 벌어졌을 때 아일랜드 갱단의 보스를 암살하기도 한 그는 조니 토리오가 은퇴하자 26살이라는 젊은 나이에 조직을 물려받게 됩니다.

발렌타인데이 학살 등 수많은 폭력과 살인사건을 배후에서 지휘한 알 카포네는 아일랜드 마피아 세력을 약화하고 시카고 도시 전역을 넘어 미국 서부까지 세력을 강화하게 됩니다. 특히 그는 유력한 정치인, 판검사 등의 법조인, 그리고 경찰까지 모두 자신의 편으로 매수하기 이릅니다.

알 카포네는 금주법을 바탕으로 오히려 승승장구했으며, 누구도 그를 막을 수 없었습니다.

이미 그에게 매수되거나 협박을 받는 주정부와

알 카포네 머그샷

주경찰의 비호를 받으며 연방정부 또한 그를 건드릴 수 없었지만, 재무부와 법무부는 알 카포네에 대한 소득세 기소 계획을 세웠습니다. 그리고 엘리엇 네스가 수사를 책임지게 되었습니다. 영화에서처럼 시카고의 경찰을 포함한 법 집행 요원들은 알 카포네에게 거의 매수되었거나 부패했기에 엘리엇 네스는 뇌물이나 협박에 청렴한 요원들을 모았고 그들은 언터처블이라 불렸습니다.

엘리엇 네스와 언터처블의 노력은 알 카포네의 재정에 큰 피해를 줬습니다. 그리고 탈세 22회와 금주법 위반 5,000여 건으로 기소된 알 카포네는 11년 형을 선고받게 됩니다.

시민들의 존경을 받는 밤의 대통령

미국 역사상 가장 악명 높은 마피아 보스였던 알 카포네를 일반 시민들은 싫어하기보다 오히려 좋아하는 사람들도 많았습니다. 그는 대공황 때는 실업자들을 위한 무료 급식소를 차리기도 했으며, 가난한 사람들을 위해 파티를 열어주기도 했습니다. 그리고 돈이 없어 수술받지 못하는 이들에게 병원비를 대신 내주는 등 자선사업가로서의 모습을 보이기도 했습니다.

무료 급식소에 줄을 선 사람들

그래서인지 당시 시카고 젊은이들에게 알베르트 아인슈타인, 헨리 포드 등과 함께 존경하는 인물로 꼽히기도 했습니다. 그의 난폭하고 잔인한 모습은 주로 아일랜드 마피아 등 범죄 조직 간의 싸움에서만 보였고, 어떻게 보면 불황의 고통을 겪고 있는 시민들에게 무상으로 음식을 제공하고 수술비를 대주는 그를 희망의 상징으로 여겼을지도 모릅니다.

자기 술을 받지 않는 술집의 사장을 폭탄으로 테러한 잔혹한 인물임과 동시에 자기 가족을 사랑하고 자선 사업가로서 정 반대의 모습을 보인 알 카포네는 과연 단순히 민심을 얻기 위해 사람들에게 베풀었는지 아니면 자신의 죄악에 대한 조금의 양심이 남아 죄책감으로 베풀었는지는 아마도 알 카포네 자신만 알 것입니다.

태극기 휘날리며 2004 _ 한국전쟁
아직 끝나지 않은 전쟁

 〈태극기 휘날리며〉는 강제규 감독이 2004년 연출한 영화입니다. 영화는 좋았지만, 이념의 대립으로 한 민족이 서로에게 총을 겨누고 죽인 우리의 지난 역사를 보는 내내 가슴이 아프고 마음이 불편했습니다. 〈태극기 휘날리며〉는 반공, 그리고 국가에 대한 무조건적인 충성을 강요하는 영화가 아닙니다. 전쟁에 휘말린 두 형제의 비극적 운명과 형제애를 주된 내용으로 하지만, 이념 그리고 전쟁이 저지른 반인륜적인 범죄행위를 묘사하기도 했습니다.

한국전쟁의 발발

일본에 해방된 기쁨을 누리는 것도 잠시 38도선을 경계로 하는 서로 다른 두 개의 국가가 생겼습니다. 그리고 같은 민족이지만 다른 이념의 갈등으로 서로 적대시하는 상황이 발생했습니다.

중국의 마오쩌둥毛澤東과 소련의 스탈린Joseph Stalin에게 협조와 지원을 받은 북한의 김일성金日成은 1950년 6월 25일 새벽 4시 남한을 향해 총공격을 시작했습니다. 남한에서는 북한의 침략을 전혀 예측하지 못했고,

한국전쟁 중 도심 폭격

국군은 북한에 비해 병력뿐만 아니라 장비에서도 열세였습니다. 결국 3일 만에 서울이 북한군에게 점령되고 말았습니다.

7월 7일 더글러스 맥아더Douglas MacArthur 원수를 총사령관으로 하는 유엔군이 조직되었고, 7월 14일 국군의 지휘권이 미군에게 넘어갔습니다. 미군과 16개국의 군대로 구성된 유엔군이 참전했지만, 북한군은 낙동강까지 밀

인천상륙작전

고 내려왔습니다. 남한 정부는 대전, 대구를 거쳐 부산까지 이전하게 되었고 낙동강 방어선을 최전선으로 구축한 뒤 최후의 결전을 전개하였습니다.

국군과 유엔군에게 반격의 계기를 만들어진 건, 1950년 9월 15일 새벽에 진행된 인천상륙작전의 성공 이후였습니다. 낙동강 방어선을 넘어 국군과 유엔군의 대대적인 반격을 시작했습니다. 9월 28일, 90여 일 만에 드디어 서울을 되찾게 되었습니다. 그 후 본격적인 북진이 계속되어 북한의 수도인 평양을 넘었고, 10월 26일에는 유엔과 국군은 압록강에 이르게 되었습니다.

중공군의 개입

북한군이 거의 섬멸 상태에 이르자 이번에 중공군이 이 전쟁에 투입되었습니다. 북한이 중국에 도움을 요청하자 엄청난 숫자의 중국 인민군이 고원을 타고 내려왔습니다. 한국 전쟁 당시 참전한 중공군의 병력 숫자는 정확하게 공표된 숫자는 없습니다. 하지만 일반적으로 100만 명 안팎으로 추정하고는 합니다. 중공군의 병력이 얼마나 많았는지 당시 UN의 한 지휘관은 '중국 본토의 중국인들이 모조리 참전한 것 같다.'는 기록을 남기기도 했습니다.

인해전술人海戰術을 펼치는 중공군에게 남한군과 유엔군은 총공격으로 맞섰지만, 중공군의 전면 공격을 감당하지 못하고 다시 남쪽으로 후퇴하기 시작했습니다. 평양을 다시 내줬고, 1951년 1월 4일 서울까지 다

서울에 상륙한 유엔군과 국군

시 북한군과 중공군에게 내주게 됩니다. 하지만 국군과 유엔군은 다시 전열을 재정비한 뒤 1951년 3월5일 다시 서울을 되찾습니다.

이제 전쟁은 상황이 크게 변하지 않는 고착화가 이루어졌습니다. 38선 주변의 전술적 능선이나 고지를 두고 벌이는 지루한 공방전이 이어졌습니다. 전격전에서 국지전으로 전쟁 양상이 바뀐 가장 큰 이유는 대규모 공세를 퍼부어봤자 인력과 자원에 비해 양측에 이득이 없었기 때문입니다. 유엔군의 경우 중공군을 상대로 전면전을 펼치기에 부담이 컸고, 중공군 또한 보급 문제 등으로 더 이상 남하하기 힘든 상황이었습니다.

3년 1개월간 진행된 전쟁의 결말

1951년 7월부터 본격적인 휴전 협상이 이어졌지만, 전쟁의 당사자인 남한과 북한은 모두 휴전 제안에 반대했습니다. 휴전 협상이 지지부진하게 이어지면서 조금이라도 더 많은 땅을 차지하기 위한 고

정전협정에 서명하는 모습

지전은 계속하여 전개되었습니다. 2년 동안 논의하던 휴전 협상은 1953년 7월 27일 판문점에서 드디어 유엔군 총사령관 마크 웨인 클라크Mark Wayne Clark와 북한의 김일성, 중국의 펑더화이彭德懷가 휴전에 서명했습니다. 휴전을 반대하던 남한의 이승만李承晩 대통령은 참석하지 않았습니다. 이렇게 길었던 3년 1개월의 전쟁은 결말이 나지 않은 채 끝났습니다.

그리고 남한과 북한은 준전시 상태인 기나긴 휴전에 돌입했습니다. 한국전쟁이 끝난 후에도 크고 작은 국지 도발과 무력 충돌이 있었습니다. 1968년 북한의 김신조金新朝 일당이 청와대를 침투한 1·21 사태가 있었으며, 1990년 이후 두 번의 연평해전이 있었습니다. 2010년에는 천안함 피격 사건과 연평도 포격이 발발하기도 했습니다. 그리고 북한은 지금도 핵실험과 미사일 발사 실험하며 도발을 멈추지 않고 있습니다.

한국 전쟁이 남긴 것들

한국 전쟁은 남한과 북한은 물론 미국, 중국, 유엔군 등 전쟁에 참여한 모두 피해가 컸던 전쟁이었습니다. 하지만 이 전쟁의 가장 큰 피해자는 바로 전쟁범죄의 피해자가 된 민간인들이었습니다.

북한은 인민 재판이라는 명목하에 조직적으로 반공 인사, 경찰, 공무원은 물론 그 가족들까지 잔인하게 살해하는 민간인 학살을 자행했습니다. 민간인 학살은 북한뿐만 아니라 남한에서도 이뤄졌습니다. 가장 대표적인 민간인 학살 사건은 바로 보도연맹 학살입니다.

보도연맹 학살

영화 〈태극기 휘날리며〉에서 故 이은주 배우가 연기한 김영신 같은 경우 피난처에서 먹을 것을 구하지 못하는 상황에 보리쌀을 준다는 말을 듣고 보도연맹에 가입하고 활동하게 됩니다. 그러나 그녀는 빨갱이 전적이 있다는 이유로 서북청년단으로 보이는 무리에게 끌려가게 됩니다. 이미 그곳에는 끌려온 양민들이 무자비하게 총살당하고 있었고, 진태와 진석 형제가 그녀를 구하려 하지만 그녀는 결국 청년단장이 발사한 총에 목숨을 잃고 맙니다.

보도연맹 학살 사건은 어디서 얼마나 많은 사람이 죽었는지 정확하게 알 수 없습니다. 바로 이 사건을 은폐하고 금기시했기 때문인데, 희생자 중에는 정치사상범도 있었지만, 영화에서처럼 쌀은 준다, 밀가루를 준다 등의 이유로 개인의 이념과 상관없이 가입한 평범한 주민들이 목숨을 잃었습니다.

한국전쟁은 북한이 기습적으로 남한을 침략한 전쟁입니다. 하지만 남한 또한 북한이 설마 전쟁을 일으키겠어? 하며 방심했고 전쟁을 대비하지 않았습니다.

'평화를 돈으로 살 수 없다'라는 말이 있습니다. 평화는 안일하게 말과 협상 그리고 돈으로 살 수 있는 것이 절대 아닙니다. 아무런 준비 없이 단지 돈만 가지고 평화를 살 수는 없습니다.

우리나라는 앞서 이야기한 것과 같이 휴전 중인 아직 전쟁 중인 국가입니다. 북한은 언제 다시 제2의 한국 전쟁을 일으킬지 모르며 지금도 핵 개발은 물론 미사일 실험을 하고 있습니다. 전쟁이 나면 미국이 우리를 지켜주겠지, 북한이 설마 핵을 쏘겠어? 하는 안일한 생각이 아닌 평화를 유지하기 위한 대비를 꾸준히 해야 할 것입니다.

패왕별희霸王別姬 1993 _ 중국 문화대혁명
소수의 소수에 의한
소수를 위한 인민의 고통

〈패왕별희霸王別姬〉는 장이머우張藝謀와 함께 중국을 대표하는 감독인 천카이거陳凱歌 감독의 1993년 작품입니다. 패왕별희는 원래 초楚나라의 패왕을 자칭하며 한漢의 유방과 천하의 패권을 두고 다투었던 항우項羽와 우희虞姬의 사랑과 비극적인 죽음의 이야기를 바탕으로 한 경극 작품입니다.

그리고 〈패왕별희〉는 패왕별희라는 경극을 연기하는 두 배우의 파란만장한 인생을 통해 격변하는 중국 현대사를 보여주는 작품인데, 특히 이 작품에는 문화대혁명文化大革命(무산계급문화대혁명無産階級文化大革命) 당시 홍위병에 가담하여 아버지를 비난했던 감독 천카이거의 아픈 경험이 녹여있습니다.

이 영화가 제작되었던 당시 중국에서 이 영화는 당연히 상영 제한을 받았는데 표면적인 이유는 주연 배우들의 동성애 장면과 자살에 대한 미화가 문제였기 때문이라 했지만, 아마 중국이 숨기고 싶은 현대사 중 하나인 문화대혁명을 직접적으로 다루며 중국공산당에 대한 비판적 시각을 담았기 때문일 것입니다.

자국의 문화를 자국민들이 스스로 멸절시킨 20세기판 분서갱유焚書坑儒라 불리는 문화대혁명은 1966년부터 1976년까지 10년간(중국에서는 십년동란十年动乱이라 부르기도 합니다.) 당시 중국의 지도자였던 마오쩌둥毛澤東 에 의해 주도된 전근대적인 문화와 자본주의를 타파하고 사회주의를 실천자는 운동이었습니다.

문화대혁명은 표면적으로 '전근대성 문화와 자본주의를 비판하고 새로운 공산주의 문화를 창조하자!'라는 정시, 사회, 사상, 문화 전체적인 개혁운동이었지만, 그 실상은 지식, 문화인에 대한 대대적인 숙청과 수천 년을 이어온 문화재의 파괴였으며, 혁명으로 평가받을 수 없는 한 국가의 역사와 문화를 파괴한 대규모의 반달리즘vandalism이자 집단 광기라고 말할 수 있습니다.

문화대혁명의 배경

문화대혁명의 시작 배경은, 부강한 사회주의 국가를 만들겠다는 목적으로 시작한 대약진운동大躍進運動이 2,500만 명이라는 엄청난 수의 인구가 굶주림과 기아로 사망하는 등 대실패로 끝났습니다. 중국공산당 중앙위원회에

마오쩌둥의 선전 포스터

서 국방부장 펑더화이彭德懷 원수 등은 마오쩌둥을 강력히 비판했습니다. 대약진운동의 실패로 마오쩌둥의 권위는 바닥으로 떨어지게 되었고 결국 국가주석에서 사임하게 됩니다. 그 후 국가 행정은 새 국가주석인 류사오치劉少奇, 총리 저우런라이周恩來, 당 총서기 덩샤오핑鄧小平 등이 운영하게 됩니다.

실용주의자인 류사오치는 마오쩌둥의 기존 정책들을 종식하며 자본주의 정책을 일부 포함한 새로운 정책을 펼쳤고, 대약진 이전으로 돌아가려 했습니다. 류사오치의 실용적인 새로운 경제 정책은 인민뿐만 아니라 공산당 고위 직위자에게도 신망을 얻게 됩니다.

마오쩌둥은 잃어버린 권력을 회복하고 정적들을 제거하기 위해 어린 학생, 청소년들을 대상으로 1963년부터 "공산주의 교육 운동"을 시작하며 부르주아 타파, 타도 자본주의 등을 외치며 청소년들이 나

서야 한다고 주장했습니다. 그렇게 전국 각지마다 마오쩌둥의 사상과 지시를 따르는 젊은이들과 청소년들로 구성된 홍위병이 결성되었습니다.

그리고 1966년 8월 8일 중국공산당 중앙위원회에서 마오쩌둥이 '중국공산당 중앙위원회의 프롤레타리아 문화 대혁명에 관한 결정 16개 항)을 발표하며 본격적인 문화대혁명이 시작되었습니다. 이미 홍위병 등을 중심으로 진행되던 학생운동은 노동자, 농민, 그리고 군인들이 합세해 전국 규모의 대중운동이 되었습니다. 이들은 인민들에게 보장된 '표현의 자유'에 따라 마오쩌둥 주의자가 아닌 반대 세력을 모두 비판하였고, '4구四舊' (낡은 사상, 낡은 문화, 낡은 풍속, 낡은 관습) 파괴 운동에 앞장섰습니다.

홍위병들에게 4구라 판단되는 것들은 모두 파괴의 대상이었습니다. 학교는 폐쇄되었고 종교시설, 사당 등은 문을 닫는 것을 넘어 파괴되고 약탈당했습니다. 베이징과 상하이 같은 대도시에서는 홍위병들에게 종교인, 지식인들은 낡은 사상의 소유자라 낙인이 찍히면 붙

1966년 인민일보 1면 사설

들려 구타당하고 조리돌림당하기 일쑤였습니다.

결국 마오쩌둥의 정책에 반기를 들었던 류사오치는 국가 주석직에서 물러나 가택연금 상태가 되었고, 덩샤오핑 또한 당직에서 쫓겨나 지방의 공장에서 일하게 되었습니다. 정적을 제거하였지만 고령이었던 마오쩌둥은 후계자로 마오쩌둥의 사상을 퍼뜨리기 위해 책도 쓰고 온갖 애를 쓴 린뱌오^{林彪}를 내정했습니다. 그는 린뱌오를 신뢰했고, 공식 석상에서도 함께였습니다.

마오쩌둥은 린뱌오에게 1967년에는 인민 해방군까지 문화대혁명에 개입할 것을 지시했습니다. 군 내부에서 반발과 우려하는 목소리를 내던 사람들은 모두 홍위병의 비판을 받아 강제 예편 또는 주요 보직에서 물러났습니다. 장칭^{江靑}(마오쩌둥의 네 번째 부인, 4인방의 우두머리 격으로 문화대혁명을 이끌면서 홍위병들을 지도했습니다. 마오쩌둥 사후 '반혁명당집단^{反革命黨集團}으로 지목되어 사형을 선고받았으나 후에 무기징역형으로 감형 받은 뒤 가택연금 중에 자살했습니다.)은 홍위병들을 선동하여 군대를 약탈하고 무력화 시켰습니다 군 상황이 홍위병의 난입으로 최악의 상황이었지만 반혁명분자로 몰릴 것을 두려워한 지휘관들은 아무런 소리를 내지 못하는 무력한 상황이었습니다.

1968년이 되자, 마오쩌둥을 위협할 세력은 아무도 없었습니다 오히려 그를 신격화하려는 세력들만 남았습니다. 마오쩌둥은 이런 시도를 자신의 '최고지침'으로 지지했습니다. 그 사이 홍위병은 몇 개의 파벌로 분리되고 내부 갈등이 점점 커졌습니다. 마오쩌둥은 점점 분열되는 홍위병이 더는 자신의 지지기반에 도움이 될 것으로 생각하지 않았는지 인민 해방군에 대한 홍위병의 우위는 종식되었고 역으로 군대가 나서서 홍위병을 진압하기 시작했습니다.

홍위병에 둘러싸인 마오쩌둥과 린뱌오

홍위병을 하던 젊은이들을 대상으로 상산하향(上山下鄕) 운동을 시작했는데, 도시에 살고 있던 지식 청년들이 농촌으로 가서 그곳에서 육체노동을 하는 것 이었습니다. 홍위병들을 도시에서 농촌으로 보내 사회적 분란을 감소시키려는 목적이었지만, 그들이 농촌으로 내려가 마오쩌둥의 혁명사상을 전파하고 사회주의 신 농촌 건설에 적극적으로 참여하는 등 긍정적인 요소도 있었습니다.

이인자의 쿠데타 그리고 몰락

1969년 제9차 중국 공산당 중앙위원회의 정치국 상무위원에서 마오쩌둥에 이어 이인자 자리를 차지한 사람은 마오쩌둥의 정적 류사오치를 제거하는데 가장 큰 공이 있었던 사람 중 한 명인 린뱌오였습니다. 린뱌오는 마오쩌둥 사후 자신이 국가 주석직을 승계하기 위해 폐지되었던 국가주석직의 복원을 추진하기도 했습니다. 마오쩌둥이 주석에 앉고 자신이 부주석이 된 후 마오쩌둥이 죽으면 자동으로 자신이 주석직에 오를 수 있기 때문이었습니다.

하지만 마오쩌둥의 시선에 끊임없는 권력 확장 시도와 소련 견제를 위해 미국과 수교를 맺으려 했던 마오쩌둥에게 반대했던 린뱌오가 결코 좋게만 보였을 리 없었습니다. 계속해서 당직과 정무직에서 승진을 요구하는 린뱌오를 경계하고 그의 권력 기반을 축소하기 시작했습니다.

결국 린뱌오의 세력은 마오쩌둥을 암살하고 정권을 뒤엎기 위한 쿠데타 계획을 세웠습니다. 소위 말하는 517공정이라 알려진 이 음모에 린뱌오의 아들 린리궈^{林立果} 등이 참여했는데, 공군 폭격과 병력을 동원해 권력을 장악한다는 내용입니다. 그러나 마오쩌둥의 암살 계획은 실패로 돌아가고 린뱌오와 그의 가족은 소련으로 망명하려 했습니다. 하지만 그들이 탄 비행기는 몽골 근처에서 추락했고 탑승자 전원이 사망했습니다. 추락 원인은 밝혀지지 않았지만, 확실한 것은 린뱌오의 쿠데타 실패는 권력을 잃는 것은 물론 자신과 가족의 목숨을 잃게 되었다는 것입니다.

사인방의 등장과 몰락
그리고 막을 내린 문화대혁명

린뱌오의 죽음 이후 마오쩌둥의 곁에서 권력을 잡은 이들은 사인방으로 불리는 이들이었습니다. 이들 사인방은 마오쩌둥의 아내 장칭과 그녀의 추종자인 장춘차오張春橋, 야오원위안姚文元, 왕훙원王洪文 이었는데 이들은 언론을 장악하고 마오쩌둥의 후계자로 예상되는 저우언라이와 덩샤오핑의 경제정책을 비난했습니다.

1973년 사인방은 비림비공批林批孔 운동을 시작 했습니다 표면적으로는 중국 문화에서 유교의 영향을 제거하고 린뱌오의 반역 행위를 비판하자는 것이었으나, 실질적으로는 저우언라이를 겨냥한 운동이었습니다. 하지만 이들의 의도와 다르게 대중들은 그 운동에 관심을 가지지 않았고 대중들의 저우언라이에 대한 지지는 사인방의 예상보다 단단했습니다.

그 뒤 사인방의 표적이 된 인물은 덩샤오핑이었습니다. 덩샤오핑은 경제 정책을 통해 실세로 떠오르기 시작했고 문화대혁명 자체가 위기에 처하게 되자 1975년 덩샤오핑에게 자아 비판서를 쓰게 했습니다.

1976년 1월 8일 저우언라이가 방광암으로 사망했습니다. 1월 15일 저우언라이의 장례식에는 사람들이 모여들었고, 추모 열기는 전국을 휩쓸었습니다. 사인방은 추모 열기를 제재했습니다. 검은 옷, 조화, 조문 행위를 제한했습니다. 사인방이 두려워했던 것은 저우언라이의 추모 열기가 정치적 폭동으로 연결될 것을 우려했습니다. 하지만 그들의 의도대로 저우언라이의 추모 열기는 멈춰지지 않았고 오히려 4인방에 대한 비판과 문화대혁명, 마오쩌둥에 대한 비판으로 이어졌습니다.

4월 5일 수십만의 군중이 모여 4인방을 비난하는 집회를 열었습니다. 이것이 바로 제1차 천안문 사태^{天安門事態}입니다. 문화대혁명으로 고통받던 민중들이 수십만이 모였고 벽에는 사인방의 전횡을 규탄하는 포스터와 벽보

마오쩌둥의 무덤

가 붙었습니다. 비폭력 항의 시위의 형태였지만 사인방은 이들을 강제 해산시켰습니다. 그리고 이 시위가 덩샤오핑 등을 "우파 반혁명 분자"들의 선동으로 몰아 덩샤오핑은 실각하고 가택연금 되었습니다.

하지만 사인방의 권력도 오래가지 못했습니다. 1976년 9월 9일 마오쩌둥은 사망했는데, 사망 전 화궈펑^{華國鋒}에게 "당신이 맡는다면 나는 안심이다." 라는 쪽지를 남겼고 화궈펑이 새로운 주석이 되었습니다. 마오쩌둥은 덩샤오핑은 능력은 좋지만 사상이 부족하다고 생각했고, 사인방 중 한 명인 왕훙원은 사상은 믿을만하지만, 능력이 부족해 선택한 인물이 화궈펑이었습니다.

사인방은 화궈펑이 집권을 했지만, 그가 정치적 야망이 없고 능력이 부족하다고 생각해 크게 경계하지는 않았습니다. 하지만 화궈펑은 실각했지만 여전히 영향력이 있는 덩샤오핑과 사인방에게 감정이 좋지 않던 인민 해방군의 지지를 받아 사인방 전원을 체포했고 십여 년간 이어오던 문화대혁명도 막을 내리게 되었습니다.

문화대혁명이 남긴 것들

문화대혁명은 부르주아 세력 타파, 자본주의 타도를 통해 사회주의 문화를 건설하자는 의도와 다르게 중국의 산업, 교육, 과학, 기술에 큰 피해를 주고 각종 문화재와 예술품을 파괴했습니다. 문화대혁명 기간 중 추정되는 사망자 수는 무려 2천만 명에 달하고 자본주의자로 몰린 사람들은 감금, 고문, 강간 등 인권을 유린당했습니다.

소설가 라오서^{老舍}, 마르크스주의 정치가 리리싼^{李立三}, 아나키스트이자 작가 바진^{巴金} 등 수많은 지식인이 홍위병의 학대와 핍박으로 사망하거나 자살을 선택했습니다. 심지어 홍위병이 된 자기 가족에게 고발되어 처형되는 일까지 발생했습니다. 가족, 지인과의 신뢰는 무너지고 타인을 불신하게 되는 가치관이 생겼습니다.

또한 문화대혁명 기간 중 서적, 건물 등 중국의 역사적인 문화유산들이 정확히 파악하기 힘들 정도로 많이 파괴되고 소실되었습니다.

중국 역사상 수천 년을 이어온 문화유산들이 단 10년의 시간 동안 파괴되었는데, 자신의 문화를 후손들이 파괴한 것은 인류 역사상 전대미문의 일입니다. 중국의 역사가들은 그래서 문화대혁명을 진시황의 분서갱유에 비유하기도 합니다.

종교도 박해받고 탄압받는 1순위 중 하나였는데, 특히 소수민족의 종교가 그 대상이었습니다. 문화대혁명 이전 2천 개가 넘던 티베트의 불교 사찰은 1976년 이후 단 10개만 남게 되었으며 수많은 승려가 학살되고 강제로 환속되었습니다.

소수민족, 종교의 탄압

한국과 관련해서 연변 지역의 조선족들의 족보가 훼손되고 소각되었으며, 만주에 있던 상당수의 독립운동 자료도 소실되었습니다. 독립운동가의 후손이지만 증명할 자료가 없어 국가 유공자 인정을 받지 못하고 소중한 항일무장투쟁 역사의 기록이 없어진 것입니다.

문화대혁명으로 큰 피해를 본 또 하나의 분야는 바로 연극입니다. 영화 〈패왕별희〉에서도 사실적으로 묘사되고 있는데, 연극 분야가 가장 큰 타격을 입은 이유는 사인방의 리더 격인 장칭은 연극 배우 출신이었고 그녀가 앞장 서서 공격했기 때문입니다.

장칭은 "기존 경극이 구시대적이고 봉건적인 내용만 추구하고 있어 건전한 사회주의 노선과 부합하지 않는다."라며 비판했고 "모든 경극은 인민들의 긍정적이고 진취적인 삶의 표본이 되어야 한다."라고 기존 경극

문화대혁명 기간 중 추천된 모범극 붉은 여인들

의 개작을 지시했습니다. 이에 반발한 경극 배우들은 모두 숙청되고 대중들에게 조리돌림 당했습니다.

기존의 화려했던 무대와 의상은 금지되어 평범한 인민복이나 군복을 입고 연기했고, 주인공은 무조건 사회주의 정신에 충실한 영웅으로 설정되었습니다. 연극의 주된 내용은 사회주의에 반하는 인물이나 사건을 타도한다는 것이었습니다.

모든 역사사건이 공산당의 관점에서 해석되는 중국에서 문화대혁명은 당과 국가 각 민족의 인민들에게 심각한 재앙을 가져온 내란으로 평가받고 있습니다. 물론 중국 내에서 문화대혁명에 대해 긍정적으로 보는 시각도 있겠지만 1966년 5월부터 1976년 진행된 '문화대혁명'은 마오쩌둥의 분명한 실책입니다.

문화대혁명에 대한 자료를 조사하며 느낀 것은 리더의 잘못된 선택과 그 추종자들의 맹신이 끔찍한 결과를 초래할 수 있다는 것이었

습니다. 문화대혁명은 마오쩌둥이 정치적 위기에 몰리자 입지를 회복하고 반대파를 제거하고자 하는 방편으로 악용되었습니다. 어린 학생들은 홍위병이라는 이름으로 선동되었고 한 국가를 10년간 광기에 빠뜨린 최악의 사건입니다.

1967년 행진하는 홍위병들

그러나 현재 중국의 모습도 심상치 않습니다. 2017년 시진핑 주석이 제19차 중국 공산당 전국대표대회에서 주장한 신시대 중국특색 사회주의^{新时代中国特色社会主义}, 소위 '시진핑 사상'이라 말하기도 하는 통치에 대한 철학은 조금 위험하게 느껴집니다.

교과서에는 시진핑 사상이 추가되었고, 반부패를 가장한 정적 제거가 이루어지고 있습니다. 여전히 진행중이지만, 중국에서 아니 세계 역사에 앞으로 역사에서 자국의 문화유산을 파괴하고, 아들이 아버지를 비난하며 제자가 스승을 고문하고 죽인 비극의 역사는 없어야 할 것입니다.

아메리칸 메이드 American Made 2017 _ 마약 카르텔 그리고 마약왕 파블로 에스코바르
마약은 자살행위입니다.

"아메리칸 메이드"는 2017년 개봉된 미국의 범죄 액션 영화로, 미국의 실제 인물인 배리 씰 Barry Seal 의 이야기를 다룹니다. 평범한 민항기 파일럿 배리 씰은 TWA Trans World Airlines 항공사 역대 최연소 조종사 등 실력 있는 파일럿으로 나옵니다. 그런데 쿠바의 시가를 밀수해 몰래 뒷돈을 버는 모습을 보면 그리 도덕적인 사람으로 보이지는 않습니다. 그러던 그에게 CIA의 요원이 찾아와 중남미 반군들의 정찰 활동을 요청합니다.

무료한 생활에 지쳐있던 배리 씰은 그의 제안을 받아들입니다. 그러다 그는 마약 밀매를 하는 반군들에게 끌려가 한 가지 제안을 받게 됩니다. 그것은 바로 마약을 미국으로 밀매하는 것이었습니다. 메데인 카르텔 Medellin Cartel 의 마약 밀매로 돈의 맛을 알게 된 그는 마약 밀수뿐만 아니라 CIA의 제안으로 무기 밀수에도 참여합니다.

하지만 꼬리가 길면 잡힌다고 그는 FBI와 DEA(마약단속반)에 마약 밀매에 대한 덜미를 잡힙니다. 결국 그는 협상의 조건으로 마약 관련 재판에서 증언하고, 마약 카르텔의 사진을 몰래 찍어오

베리 씰

지만, 언론에 자신의 사진도 함께 공개되어 결국 메데인 카르텔의 파블로 에스코바르Pablo Escobar가 고용한 시카리오Sicario에게 살해당합니다.

메데인 카르텔

마약 카르텔은 주로 마약 제조와 판매 그리고 다른 지역 또는 국가로 밀수 등 마약과 연관되어 조직화한 범죄 집단입니다. 마약 카르텔은 대개 불법 마약 거래를 통해 상당한 이익을 얻으며, 강력 범죄, 부패, 폭력

콜롬비아 메데인

등을 범죄 활동을 동반합니다. 특히 중남미 지역의 마약 카르텔이 두각을 나타내고 있으며, 이는 지금까지 국제적인 문제로 여겨지고 있습니다.

특히 중남미의 마약 카르텔이 유명한데 〈아메리칸 메이드〉, 넷플릭스 드라마 〈나르코스^{Narcos}〉 등에는 메데인 카르텔과 그 카르텔의 수장인 파블로 에스코바르가 중요한 인물로 등장합니다.

콜롬비아 메데인의 마약상이던 파블로 에스코바르는 서로 경쟁하고 아웅다웅하던 마약상들을 뭉치게 해 메데인 카르텔을 만들었습니다. 메데인 카르텔의 주된 수입원은 역시 마약의 생산과 가공 그리고 유통이었습니다. 그들은 그렇게 번 돈으로 건설업, 목축업 등 다양한 산업에 손을 댔고 한때 콜롬비아의 제1재벌이 되기도 했습니다.

그들과 경쟁하거나 적대 과정에 있는 카르텔의 구성원들을 납치 살해한 것은 물론 정치인, 경찰, 판검사를 뇌물로 매수하거나 그것을 받아들이지 않으면 잔인하게 제거했습니다. 놀라운 것은 그 제거 대상 중에 유력한 대통령 후보를 협조하지 않는다는 이유로 죽이려고도 했습니다(1989년 아비앙카 항공 203편 폭파 사건). 카르텔을 넘어 하나의 기업으로 성장했지만, 몇 번에 걸친 미국과 콜롬비아 정부의 소탕 작전으로 리더인 파블로 에스코바르가 1993년 DEA와 콜롬비아 특수부대와 교전 중 사망하면서 영향력을 많이 잃었지만, 여전히 그 잔여 세력은 마약 관련 활동 중입니다.

전설의 마약왕 파블로 에스코바르

마약왕은 일반적으로 대규모 마약 거래를 조직하거나 지휘하는 개인이나 단체의 리더를 뜻합니다. 이들은 종종 범죄 조직이나 마약 카르텔의 주요 인물로서 활동하며, 대량의 마약을 밀수하고 판매하여 상당한 이익을 얻는 경우가 많습니다. 그들은 대개 국제적인 범죄 네트워크와 연계되어 있으며, 국가 간 경계를 넘어 다양한 활동을 전개합니다.

전 세계 마약왕 중 가장 유명한 인물은 앞에 소개한 메데인 카르텔을 이끌었던 파블로 에스코바르입니다. 마약왕 하면 사람들은 그를 제일 먼저 떠올리며, 그를 소재로 한 영화, 드라마, 다큐멘터리는 꾸준히 제작되고 있습니다. 지금까지도 가장 강력한 마약왕으로 꼽히는 그는 1970년대 말부터 1980년대 중반까지 활발

파블로 에스코바르

히 활동한 메데인 카르텔을 창설했습니다. 메데인 카르텔은 세계 최대의 마약 카르텔 중 하나로서, 특히 코카인의 대량 제조 및 유통에서 독보적인 지위를 차지했습니다.

그는 재력과 사회적 영향력을 이용하여 콜롬비아 정치에도 관여했는데, 정치인들에게 뇌물을 주는 것은 물론 자신의 이익에 방해가 된

다면 암살하는 것도 주저하지 않았습니다. 심지어 자신의 카르텔을 소탕하려 시도했던 대통령 후보를 무차별하게 죽이기도 했습니다. 그는 자신이 직접 권력을 잡기 위해 출마하여 하원의원으로 선출되기도 했습니다. 하지만 그의 그런 정치적 야망은 콜롬비아 정부와 미국에 의해 좌절됐습니다.

결국 국회의원에서 쫓겨난 그는 추적받는 신세가 되었습니다. 그는 느닷없이 자수하여 자신이 직접 지은 교도소에서 수감생활을 했습니다. 말이 수감생활이지 그 교도소의 시설은 웬만한 특급 호텔보다 시설이 좋았습니다. 그러나 미국 정부가 콜롬비아 정부에 그의 상환을 강력히 요구하자 그는 그 감옥을 탈옥합니다.

도망자 신세가 된 그는 그에게 호의적이었던 메데인 지역 주민들의 도움으로 도피 생활을 하기 시작합니다. 그러나 그 와중에 대통령궁 근처에 폭탄 테러를 시도했는데 그 사건으로 많은 어린이가 다쳤습니다. 이제 일부 호의적이던 그에 대한 콜롬비아 내의 여론도 돌아서기 시작했습니다. 결국 그를 집요하게 추적하던 DEA와 콜롬비아의 특수부대는 1993년 2월 2일 끝까지 저항하던 그를 사살합니다. 한때 전 세계 부자 순위 10위 이내에 들었던 전설적인 마약왕의 최후는 그렇게 비참하게 끝났습니다.

NO EXIT

전 세계는 지금 마약과의 전쟁 중입니다. 마약 청정국이라 구분 되던 한국 또한 이미 2016년 마약 청정국의 수치를 넘어섰습니다. 하지만 우리는 아직 마약에 대해 제대로 알지 못하고 있습니다. 마

노 엑시트 캠페인

약의 무서움에 대한 교육도 제대로 이루어지지 않고 있으며, 마약 투약하는 나이도 낮아져 10대, 20대 젊은이들이 SNS를 통해 마약을 밀매하고 투약하고 있습니다. 이제 마약은 더 이상 일부 사람들에게만 노출된 것이 아닙니다. 물론 마약의 무서움과 피해는 이 글에서 굳이 이야기하지 않아도 모두 아실 것입니다.

경찰청과 한국마약퇴치본부에서는 마약 근절을 위해 NO-EXIT 캠페인을 펼치고 있습니다. 마약 투약하는 사람들에 대한 처벌이 강화하는 것도 맞지만 투약자들이 다시 사회에 나올 수 있는 재활을 도울 수 있는 시설의 확충도 이제는 필요합니다.

그리고 투약자보다 더 엄중한 처벌을 받아야 하는 사람들은 바로 마약을 제조하고 유통하는 사람들입니다. 제가 마약을 이야기하면서 영화 〈아메리칸 메이드〉로 이야기한 이유도 바로 이것입니다. 영화

에서는 블랙코미디 형식으로 배리 썰이라는 주인공은 희화화 했어도 그는 엄연한 범죄자입니다. 투약자에 대한 처벌도 중요하지만, 마약을 제조하고 유통하는 사람이 근절되는 것이 마약 범죄를 막는 가장 빠른 지름길이라 생각합니다.

 마지막으로 마약은 자신을 해치는 자살행위라는 것을 잊지 마시길 바랍니다.

뮌헨 Munich 2005 _ 뮌헨 올림픽 참사
피로 물든 올림픽

    뮌헨은 2005년 개봉된 스티븐 스필버그^{Steven Spielberg} 감독의 작품입니다. 스티븐 스필버그는 실제 인물, 사건 등을 다룬 영화를 많이 제작하고 연출했는데 이번 책에서도 〈쉰들러 리스트^{Schindler's List}〉와 〈라이언 일병 구하기^{Saving Private Ryan}〉 이렇게 2편을 앞서 소개했습니다.

    이번에 소개하는 〈뮌헨〉도 실제 벌어졌던 사건을 배경으로 하는 영화입니다. 1972년 독일 뮌헨에서 개최된 하계 올림픽 중 이스라엘 대표팀을 향한 테러였던 뮌헨 참사 이후 이스라엘의 대외 정보기관 모사드^{Mossad}가 테러를 저질렀던 검은 9월단에 대한 보복으로 진행한 신의 분노 작전^{Operation Wrath of God}을 주 내용으로 다루고 있습니다.

올림픽 역사상 최악의 비극

뮌헨 올림픽 참사 또는 뮌헨 학살 사건은 1972년 9월 5일 독일의 뮌헨에서 개최된 1972년 하계 올림픽 기간 중 일어난 테러 사건입니다. 테러 사건을 일으킨 검은 9월단$^{Black\ September\ Organization}$은 팔레스타인의 무장 테러단체로 팔레스타인 인민해방전선$^{Popular\ Front\ for\ the\ Liberation\ of\ Palestine}$에서 갈라져 나온 세력입니다. 이들은 팔레스타인의 해방을 외치며 테러, 암살, 항공기 납치 등의 범죄를 저질렀는데, 그들의 이름이 가장 잘 알려지게 된 계기는 바로 그들이 뮌헨 올림픽 참사를 일으킨 주범이었기 때문입니다.

1972년 9월 5일 올림픽 대회장 내 선수촌의 이스라엘 선수 숙소에 무장한 검은 9월단 8명이 난입했습니다. 이들은 이스라엘 역도, 레슬링 선수와 코치진 등 11명을 인질로 잡고 저항하던 레슬링 코치 모셰 웨인베르그$^{Moshe\ Weinberg}$와 역도 선수인 요세프 로마노$^{Yossef\ Romano}$를 살해한 뒤 남은 9명은 인질로 잡았습니다. 올림픽 경기는 곧바로 중단되었고, 검은 9월단은 이스라엘에 수감된 234명의 석방을 요구했습니다. 이스라엘의 골다 메이어$^{Golda\ Meir}$ 총리는 이 요구를 거절하고 서독 측에 군대 파견에 대한 양해를 구했으나 서독에서는 거부했습니다.

뮌헨 참사 추모비

서독 정부의 몸값을 주겠다는 제안을 거부하고 '이집트 카이로까지 이송해 주겠다.'는 제안만 받아들였습니다. 헬리콥터를 이용해 여객기가 준비된 공군기지에 도착했는데 헬리콥터에서 내리는 순간 잠복하고 있던 서독 경찰은 일제 사격을 했고 검은 9월단도 응사하기 시작했습니다. 결국 인질 전원이 사망하고 5명의 검은 9월단원이 사망했으며, 3명이 생포되었습니다. 서독 경찰도 1명이 사망했습니다. 이 총격전 장면은 영화 〈뮌헨〉에서도 충격적으로 보여줍니다. 특히 테러범이 국방부 직할부대를 향해 기관총을 쏘고, 헬리콥터 안의 인질들에게 수류탄을 던져버리는 만행은 차마 눈을 뜨고 지켜보기 힘들었습니다.

뉴욕 타임즈 뮌헨 참사

이스라엘 선수단은 숨진 동료들의 주검과 함께 전원 귀국했으며, 멈췄던 올림픽 경기는 34시간 이후 재개되었습니다. 그리고 경기장에는 올림픽 역사상 최초로 조기가 게양되었습니다.

현대적 테러리즘이 본격화 대두된 사건

인질 전원이 사망하는 대참사가 벌어진 가장 큰 원인은 테러범들을 상대했던 독일 경찰의 정보에 대한 미흡과 대응에 대한 경험 부족입니다. 뮌헨 올림픽이 열릴 당시 서독 경찰에는 대테러 부대가 없었기에 테러에 대한 대처 경험과 훈련이 없었던 일반 경찰이 출동할 수밖에 없었습니다. 이들은 테러리스트들의 숫자 파악에도 실패했으며, 제대로 작전을 수행하지 못했습니다.

뮌헨 올림픽 참사는 현대적 테러리즘이 본격적으로 대두된 사건입니다. 이스라엘, 영국 정도에만 있던 대테러부대가 참사국인 독일을 비롯한 국가들에서 창설되었습니다.

이스라엘 골다 메이어 총리

그리고 이번 테러 행위에 대한 보복으로 이스라엘은 '신의 분노 작전'을 개시하였습니다. 이 작전의 주된 내용은 이스라엘의 정보기관 모사드에 뮌헨 참사와 직접 또는 간접적으로 연관된 자들의 정보를 수집하고 암살하는 내용이었습니다. 최초로 야세르 아라파트^{Yasser Arafat}의 장의 조카이자 번역가인 와사르 즈와이텔^{Abdel Wael Zwaiter}이 로마 자신의 저택에서 암살되었습니다. 그 후 모사드 공작원들의 암살이 시작되었고, 검은 9월단도 모사드의 공작원 또는 정보를 제공한 자들을 암살하는 등 피의 악순환이 반복됐습니다.

영화 〈뮌헨〉의 내용이 바로 신의 분노 작전과 관련된 공작원의 실화를 바탕으로 제작된 것입니다. 팔레스타인 무장 조직이 20명 이상 암살되었고, 모사드의 공작원들도 영화에서처럼 암살되거나 의문사하기도 했습니다. 물론 이스라엘과 모사드는 영화의 내용을 공식적으로 인정하지 않았습니다.

암살과 보복만이 테러에 대응하는 방식일까?

이 영화의 개봉 전 감독인 스티븐 스필버그가 단지 유대인이라는 이유로 이스라엘에 대한 옹호 그리고 팔레스타인을 테러 집단으로 그저 좋지 않게 다룰 것이라는 예상이 많았습니다. 하지만 막상 영화가 개봉되고 나니 팔레스타인보다 이스라엘에 더 불편한 내용이 많았습니다.

예를 들어 암살 작전이 정당방위가 아닌 단순한 복수로 포장한 점, 그리고 그 복수의 대상 중에 일부는 과연 저 사람이 테러리스트인가? 하는 의문이 드는 일반인으로 묘사되고, 작전에 참여한 요원들조차 무고한 희생자들에게 대한 죄책감과 회의를 느끼는 모습을 보여줍니다. 영화 속 이런 장면들은 이스라엘 유대인으로서는 거북하게 느껴질 수밖에 없었을 것입니다.

그러나 영화〈뮌헨〉의 마지막 장면은 스티븐 스필버그 감독이 전하고 싶은 테러와 암살 그리고 보복으로 이어지는 방식으로는 절대 평화가 찾아올 수 없다는 묵직한 메시지를 전달 합니다. 그리고 의미심장하게 세계무역센터 빌딩을 보여주며 영화는 끝이 납니다.

테러는 본래 공포, 두려운 일 등을 뜻하지만, 현대에는 사회, 정치, 종교적인 이유로 대규모의 관심을 끌기 위해 공포와 혼란을 초래하는 행위를 뜻합니다.

이 글을 읽는 분들도 북한의 아웅산 묘소 폭탄테러, 알카에다의 9.11 테러, 체첸 과격파에 의한 베슬란 학교 인질사건, 2015년 11월 파리 테러 등 테러에 대해 많이 들어보셨을 것입니다. 모든 테러는 정당화 될 수 없지만 특히 불특정 다수와 무고한 민간인을 대상으로 하는 테러 행위는 절대 용납되거나 용인되어서 안 됩니다.

911 테러

테러는 무의미한 폭력일 뿐입니다.

플래툰 Platoon 1986 _ 베트남 전쟁
무엇을 위한 전쟁인가

올리버 스톤Oliver Stone 감독의 플래툰은 〈지옥의 묵시록Apocalypse Now〉, 〈풀 메탈 자켓Full Metal Jacket〉 등과 함께 베트남 전쟁Vietnam War을 다룬 영화 중 최고의 작품 중 하나로 꼽힙니다. 특히 베트남 전쟁을 소재로 한 다른 영화들이 베트남에 대해 편파적이거나 전쟁영웅의 등장, 전쟁에 대한 미화 등 미국 중심적인 입장이었다면, 플래툰은 미국의 자기 비판적 성격이 강한 영화입니다.

특히 올리버 스톤 감독 자신이 베트남전 참전 경험이 있어 더욱 생생한 느낌을 관객에게 전달할 수 있었습니다. 찰리 신Charlie Sheen이 연기한 주인공 크리스 테일러는 바로 감독 자신을 반영한 캐릭터입니다. 실제 올리버 스톤 감독은 예일대를 중퇴하고 베트남전에 참전했는데, 영화에서 크리스 테일러가 목 부위 부상을 당한 것, 소속부대, 참호를 뛰쳐나가 전공을 세운 것 등은 실제 감독이 겪은 일화라고 합니다. 그래서 전쟁에 대한 참상은 물론 병사 간의 갈등과 서로 다른 신념을 갖고 있는 부대원들의 관계 등 미군의 젊은 병사들이 베트남에서 겪었던 혼란과 공포를 생생하게 그려냈지 않았나 싶습니다.

자본주의 VS 공산주의 대리전

베트남 전쟁은 1960년부터 남베트남 정부가 붕괴된 1975년까지 벌어진 전쟁입니다. 1차 인도차이나 전쟁 이후 분단되었던 베트남에서 벌어진 이 전쟁은 초기에 북

진군하는 미국군

베트남의 지원을 받은 남베트남민족해방전선과 남베트남 정부 사이의 내전 양상을 보였으나 1964년 8월 미국이 통킹 만 사건을 빌미로 북베트남 지역을 폭격한 이후 북베트남과의 전면전으로 확산 되었습니다.

냉전시대 자본주의 진영과 공산주의 진영의 대리전과 같았던 이 전쟁은 미국이 직접 개입하면서 한국과 태국, 오스트레일리아, 뉴질랜드 필리핀 등의 국가도 파병했고,(한국은 당시 미국 다음으로 가장 많은 병력을 파병한 국가입니다.) 소련은 직, 간접적으로 북베트남을 지원했습니다

북베트남군과 남베트남민족해방전선은 그동안 미국이 상대했던 교전국들과 달랐습니다. 그들은 전면전이 아니고 숨어 있다 나타나 공격하고 다시 숨어버리는 게릴라 작전을 펼쳤습니다. 미군은 이런 게릴라 작전에 제대로 된 작전을 수행하기 힘들었습니다.

북베트남 군인들

북베트남군의 게릴라들이 숨을 곳을 없애고 식량 보급을 끊기 위해 제공권을 장악하고 있던 미군의 폭격과 공습은 멈추지 않았습니다. 네이팜탄$^{Napalm\ bomb}$과 같은 대량파괴무기가 투하되고, 고엽제와 같은 화학무기를 뿌렸습니다. 결국 이 과정에서 많은 민간인들의 희생되자 사람들은 이 전쟁에 대한 의문을 품기 시작했습니다.

딜레마에 빠진 미국

1968년 북베트남군은 베트남의 음력 설날인 1월 30일 남베트남의 36개 도시를 기습적으로 공격하는 구정 대공세를 감행해 결국 남베트남의 수도인 사이공까지 탈환했습니다.

체포되는 반전 운동가

미국은 전쟁을 계속하기 힘들어졌습니다. 베트남에서도 점점 밀리는 것은 물론 미국 내에서도 전쟁에 반대하는 목소리가 점점 커지고 있었습니다. 엄청난 돈을 전쟁에 쏟아부어 재정 적자가 늘어났고, 베트남전에 대한 반전 시위에 참여하는 젊은이들이 수는 점점 늘어났습니다. 특히 1968년 대다수 여성과 아동을 포함한 민간인들을 학살한 미라이 학살[Napalm bomb]이 폭로되면서 수백만 명이 참여하는 반전 시위가 열릴 정도로 비판하는 분위기는 확산하였습니다.

미국은 베트남 전쟁을 지속하기도 단번에 철수하기도 애매해졌습니다. 굴욕적이지 않으면서 별 피해 없이 전쟁을 끝내고 빠져나오고 싶었습니다.

결국 새로 미국의 대통령이 된 닉슨[Richard Milhous Nixon]은 베트남에서 군대를 철수하는 내용이 담긴 닉슨 독트린[Nixon Doctrine]을 발표하고 결국 1969년부터 미국은 철수를 시작했습니다. 1971년이 되자 지상 전투 부대는 대부분 떠났으며, 1972년 3월 북베트남의 춘계 대공세가 벌어질 때 미국은 재파병을 선택하지 않고 공군과 해군의 항공력으로 대응합니다.

미군의 완벽한 철수, 그리고 전쟁의 끝

곱게 철수하기 싫었던 미군은 1972년 12월 18일부터 30일까지 북베트남의 중심지인 하노이와 그 주변을 폭격했습니다. 협정을 유리하게 이끌기 위한 이 폭격으로 미국은 전 세계적으로 비난 받았습니다. 미국 의회에서도 미국의 철수에 대한 목소리가 더욱 높아졌습니다. 결국 1973년 1월 북베트남과 남베트남 미국은 파리 강화 협정을 맺으며 미국은 남베트남에서 완전히 철수하게 됩니다.

미군은 철수했어도 남베트남에서는 여전히 전쟁은 계속되었습니다. 결국 1975년 4월 북베트남군이 사이공을 점령하면서 공산주의 혁명 세력으로 불리는 북베트남의 승리로 끝났습니다. 그리고 남북베트남은 통일되어 베트남 사회주의 공화국이 성립되었습니다.

그동안 전쟁에서 져본 적이 없는 미국의 첫 패배는 굴욕적이었습니다. 얻은 것도 없는 전쟁 때문에 정치 경제는 불안한 상황에 빠졌고, 사회는 마약이 확산되며 염세주의적 경향이 강해졌습니다. 강제 징병 또는 모병으로 전쟁에 참여한 젊은 병사들은 PTSD로 고통받았으며, 고엽제 후유증에 시달려야 했습니다. 그들에 대한 사회적 냉대는 물론 복지

영화 7월 4일생의 실제 모델 론 코빅

도 부족해 사회에 적응하지 못하고 사회부적격자가 되거나 범죄자가 되기도 했습니다.

베트남 전쟁은 미국에게 악몽과도 같은 전쟁이었습니다.

한국의 경우 참전 장병들의 희생은 있었지만 아이러니하게 한강의 기적을 일어낸 원동력이 되었습니다. 공산주의의 승리로 끝난 베트남전은 한반도의 공산화를 두려워한 미국이 한국 경제 발전을 통한 공산 세력의 견제를 위해 미국을 포함한 다른 국가들이 한국을 경제적으로 지원하게 만드는 계기가 되었습니다.

한국군의 현대화도 이때 이뤄졌습니다. 참전 이후 장비에 대한 개선이 이루어졌고 미국으로부터 신형 장비를 원조받거나 구매하게 되었습니다.

전쟁의 본질은 과연 무엇일까?

베트남 전쟁에 대한 자료 조사를 하며 느낀 건 민간인 학살, 포로에 대한 학대, 자연 파괴 등이 자행되는 전쟁은 과연 무엇 때문에 하는 것일까? 하는 생각이 계속 들었습니다.

전쟁은 진행 중에도 끝나고 난 뒤에도 피해는 계속됩니다.

어떤 명분을 가진 전쟁이든 전쟁은 비극입니다. 전쟁은 사람에게 정신적으로나 육체적으로 치유할 수 없는 상처를 남길 뿐입니다.

퓰리처상 수상 전쟁의 공포

이번 글의 마무리는 영화 플래툰의 주인공 크리스가 호송되면서 남기는 독백으로 하려 합니다. 아마도 플래툰을 통해 올리버 스톤 감독이 관객들에게 하고 싶었던 이야기였을 겁니다.

"어떻든 간에 살아남은 자에게는 그 전쟁을 상기시키고 우리가 배운 것을 남에게 알리며 우리의 남은 생을 바쳐 생명의 존귀함과 참 의미를 알아야 할 의무가 있습니다."

〈라스트 킹〉 The Last King of Scotland 2006 _ 이디 아민
아프리카의 검은 히틀러

우간다의 독재자이자 '검은 히틀러', '아프리카의 도살자' 등으로 불리는 이디 아민^{Idi Amin Dada Oumee}을 소재로 한 영화 라스트 킹은 포레스트 휘태커^{Forest Whitaker}가 이미 아민 역을 그리고 제임스 매커보이^{James McAvoy}가 스코틀랜드에서 온 그의 주치의 니콜라스 개러건 (실존 인물은 아닙니다.) 역을 맡았습니다. 특히 광기 어린 연기를 보여준 포레스트 휘태커는 제79회 아카데미 영화제에서 레오나르도 디카프리오, 라이언 고슬링 등 경쟁자들의 기립 박수를 받으며 남우주연상을 받기도 했습니다.

영화 〈라스트 킹〉의 원제는 The Last King of Scotland입니다. 동명의 소설을 기반으로 만들어진 이 영화는 아프리카 독재자에 대한 영화인데 제목이 왜 '스코틀랜드의 마지막 왕' 인지 의아한 사람도 있을 것입니다. 그 이유는 원래 이디 아민이 군대의 행진에 스코틀랜드의 전통 의상인 킬트를 입고 등장한 적도 있을 정도로 평소 영국과 독립전쟁을 벌였던 스코틀랜드를 좋아했다고 합니다.

라스트 킹은 스코틀랜드에서 막 의대를 졸업한 니콜라스 개리건이 제 2의 슈바이처가 되겠다는 마음으로 무작정 우간다로 의료 봉사를 떠나며 시작합니다. 그곳에서 우연히 이제 막 쿠데타에 성공한 이디 아민을 만나게 되고 그가 스코틀랜드 인이라는 이유로 주치의를 맡깁니다. 초반 이디 아민에 호감을 느끼던 니콜라스 개리건은 점점 제 정신이 아닌듯한 폭력의 광기에 휩싸인 이디 아민의 잔혹성을 보게 됩니다.

아프리카의 진주 우간다

우간다의 독재자 이디 아민$^{Idi\ Amin}$을 알기 전에 먼저 우간다라는 나라를 간단히 소개하려 합니다. 우간다는 아프리카 중앙 동부에 있는 국가로 1962년 영국으로부터 독립했습니다. '아프리카의 진주'라 불릴 만큼 빅토리아 호수$^{Lake\ Victoria}$, 루웬조리산^{Rwenzori} 등 빼어난 자연경관을 지닌 국가입니다. 하지만 여전히 심각한 기아 문제에 시달리고 있는 우간다는 아프리카의 여러 국가들처럼 쿠데타, 내전 등으로 많은 피를 흘렸고, 이번에 이야기하려는 이디 아민은 우간다에서 쿠데타를 일으키고 대량 학살을 자행했던 독재자입니다.

이디아민은 1925년 우간다에서 태어난(출생 연도에 대한 1923년, 1928년 출생설도 있습니다.) 군인 출신의 독재자입니다. 그는 1971년 1월 25일 밀턴 오보테^{Apollo Milton Opeto Obote} 대통령이 싱가포르에서 열린 국제회의에 참여하고 있는 동안 쿠데타를 일으켜 정권을 잡았습니다. 전임 대통령인 밀턴 오보테는 집권 당시 부정부패했

이디 아민

고 무리한 사회주의 정책으로 경기가 좋지 않아 국민의 평가는 그리 좋지 않았습니다. 그가 잠시 자리를 비운 사이 쿠데타로 이디 아민이 정권을 잡게 되었고 쿠데타 직후 연설에서 이디 아민은 자신은 정치인이 아닌 군인이고 상황을 정상화하고 민주주의로 복귀시키면 물러날 것을 약속했다. 시민들은 그에게 환호했습니다.

독재자의 본색을 드러내다

하지만 이디 아민은 바로 본색을 드러내기 시작했습니다. 쿠데타 일주일 후 스스로 우간다 대통령, 육군 총사령관, 육군 참모총장, 공군 참모총장을 자처한 그는 의회를 중지시키고 종교 집회를 제외한 모든 집회와 시위를 금지했습니다. 이디 아민은 집권 중 거의 모든 것을 통제했습니다. 국민의 자유로운 입출국 금지는 물론 우편물은 검열받아야 했으며, 해외 신문이나 언론을 접하는 것조차 금지되었습니다. 이 시기 이민을 요청했다는 이유로 사형된 사람이 있을 정도

였습니다. 당연히 예술과 표현의 자유에 대한 압박도 심했는데, 이디 아민을 비판한 연극의 대본을 쓴 작가는 물론 연출가까지 모두 사형 선고를 받았습니다.

아프리카 우간다의 독재자 이디 아민의 영화가 두 번 이상 제작될 정도로 유명해진 이유는 그의 잔혹하고 엽기적인 처형들이 그 어느 독재자와도 비교할 수 없기 때문입니다.

그는 전임 대통령 밀턴 오보테를 지지하는 세력을 대대적으로 숙청했습니다. 쿠데타 1년 반 만에 15만 명의 사람이 죽었습니다. 오보테를 지지하던 부족(아콜리^{Acholi}족) 전체를 몰살하기도 했으며 '성이 알파벳 O로 시작하는 사람들은 오보테의 지지자였을 것이다.' 라는 말도 안 되는 이유로 사람들을 죽이기도 했습니다.

그는 수도인 캄팔라^{Kampala} 교외에 수용소를 만들었는데, 그 수용소에 갇힌 사람들은 지옥보다 끔찍한 생활을 해야만 했습니다. 그들에게 음식은 충분치 않아 서로서로 잡아먹는 식인이 저질러졌다는 증언도 있으며, 남자와 여자 가리지 않고 차마 글로 적을 수 없을 정도로 잔혹하고 끔찍한 고문과 학대가 이어졌습니다. 이디 아민의 정적들은 가끔 그가 직접 때려죽

수용소의 고문실

이기도 했으며, 참수된 경우 이디 아민은 머리를 냉장고에 보관하고 그것을 보는 것을 즐겼다고 합니다.

특히 이디 아민의 이혼한 아내 중 케이 아도라$^{Kay\ Adroa}$는 주치의였던 피터 음발루 무카사$^{Peter\ Mbalu\ Mukasa}$와 불륜 관계를 맺다 임신했는데, 케이 아도라는 이디 아민의 보복이 두려워 몰래 낙태 수술을 받다 죽었습니다. (라스트 킹 영화에서는 역시 주치의인 니콜라스 개러건과 불륜 관계로 나옵니다.) 이 사실을 알게 된 이디 아민은 분노하여 케이 아도라 시체의 얼굴, 팔다리를 절단해 모두 위치를 바꿔 붙인 뒤 이혼한 아내들과 자녀들에게 보여줬다고 합니다. 영화에도 이 장면이 나오는 데 무척 충격적이었습니다.

그의 통치 시기 내내 폭력과 잔혹함으로 가득했으며 대학살을 비롯한 다양한 인권 침해가 벌어진 최악의 시기였습니다. 이런 상황에서 경제 상황이 정상일 리 없었습니다. 우간다 경

영국인들이 드는 가마를 탄 이디 아민

제의 1/5을 차지하던 아시아인들을 꿈에서 알라신이 아시아인을 추방하라는 지시를 내렸다는 말도 안 되는 이유로 추방하고, 아무 계획도 없이 외국인들이 운영하던 기업을 강제로 국영화시켰습니다. 그 외에도 말도 안 되는 이디 아민의 정책은 결국 우간다의 경제를 파

탄 냈습니다. 아프리카에서 유일하게 자립할 수 있는 국가였던 우간다는 이디 아민의 집권 시기 아프리카의 최빈국으로 전락하였습니다. (1945년 우리나라는 해방 당시 우간다보다 국민소득이 적었던 최빈국 이었습니다.)

독재자의 몰락

1978년 이디 아민은 군 내부 반역 음모를 무마하기 위해 탄자니아Tanzania 침공을 개시합니다. 하지만 탄자니아 군은 우간다 군보다 강했습니다. 오히려 탄자이나 군과 이디 아민의 폭정에 반대하는 우간다 국민해방전선Uganda National Liberation Front,UNLF의 수도 캄팔라가 점령당하게 되었습니다. 결국 이디 아민은 자신이 믿는 또 다른 독재자인 무아마르 카다피Muammar Gaddafi가 있는 리비아Libya로 도망치며 그의 8년 독재가 끝나게 됩니다.

카다피, 차우세우크Nicolae Ceaușescu, 사담 후세인Saddam Hussein 등의 독재자들의 최후가 좋지 않았던 것에 비해 이디 아민의 최후는 그리 비참하지는 않았습니다. 처음 도주했던 리비아에서 환영받지 못하

카다피와 차우세우크

고 이라크Iraq로 갔지만 그곳에서도 홀대받아 결국 사우디아라비아Saudi

Arabia가 최후의 망명지가 되었습니다. 그리고 그곳에서 20년 이상 연금을 받고 운전사와 하인을 고용하며 편하게 지내다 고혈압과 신경마비로 혼수상태에 빠진 상태로 죽었습니다. 그리고 그가 죽었을 때 당연히 우간다에는 대다수가 냉소적인 반응을 보였으며, 그가 죽인 사람처럼 죽었어야 한다는 과격한 반응을 보인 사람들도 많았다고 합니다.

독재자는 국가나 단체를 지배하며 국민의 자유와 권리를 침해하고 통치하는 지배자를 가리킵니다. 이들의 공통점은 권력을 독점하며 폭력적인 방법과 공포감을 조성하며 국민을 통제하려 합니다. 특히 인권은 보장받을 수 없으며 특정 이념을 강요받기도 합니다.
그들의 통치는 비극만을 남길 뿐입니다.

"자리가 사람을 만든다."라는 말처럼 최고의 자리에 오른 사람은 권력욕에 빠질 수 있습니다. 지도자가 권력욕과 명예욕에 빠진다면 그는 독재자가 될 가능성 커집니다. 그는 자신의 자리를 놓치지 않기 위해 우리의 자유를 통제하고 삶을 억압할 것입니다.

이것이 바로 우리가 항상 권력자를 감시하고 경계하며 정치에 관심을 가져야 하는 이유입니다.

참고문헌

『이야기 세계사 1』김경묵 외 | 청아출판사

『이슬람 제국』류광철 외 | 말글빛냄

『펠로폰네소스 전쟁사』투퀴디데스 저 / 천병희 역 | 숲

『세계사보다 재밌는 최진기의 전쟁사』최진기 저 | 이지퍼블리싱

『처음 읽는 일본사』전국역사교사모임 저 | 휴머니스트

『일본사』박석순 외 저 | 미래엔

『악인의 세계사』이상화 저 | 노마드

『프랑스사』앙드레 모루아 저 / 신용석 해제 | 김영사

『프랑스 혁명사』프랑수와 퓌레, 드니 리셰 저 / 김응종 역 | 충남대학교출판문화원

『프랑스 혁명에서 파리 코뮌까지』노명식 저 | 책과함께

『중국의 두 얼굴』양둥핑 저 | 펜타그램

『현대중국, 단절과 연속』홍석표 저 | 선학사₩

『문화대혁명』백승욱 저 | 살림출판사

『마스터스 오브 로마 시리즈』콜린 매컬로 저 강선재 외 번역 | 고유서가

『카탈로니아 찬가』조지 오웰 저 김승욱 번역 | 문예출판사

『스페인 내전』앤터니 비버 저 / 김원중 역 | 교양인

『미국의 베트남 전쟁』조너선 닐 저 / 정병선 역 | 책갈피

『베트남 전쟁』박태균 저 | 한겨레출판사

『서양현대사의 블랙박스 나치 대학살』최호근 | 푸른역사

『제3제국사』윌리엄 L. 샤이러 저 / 이재만 역 | 책과함께

『제국의 품격』박지향 저 | 21세기북스

『역사를 바꾸는 리더십』제임스 맥그리거 번즈 저 / 조중빈 역 | 지식의날개

『영국사』앙드레 모루아 저 / 신용석 역 | 김영사

『제1차세계대전』피터 심킨스, 제프리 주크스, 마이클 히키 저 / 강민수 역 | 플래닛미디어

『라틴아메리카 다이제스트 100』이강혁 저 | 가람기획

『플루타르크 영웅전』플루타르코스 저/ 김병철 역 | 범우사

『국가를 망친 통치자들』미란다 트위스 저 / 한정석 역 | 이가서

『스코틀랜드 분리 독립운동의 역사적 기원』홍성표 저 | 충북대학교출판부

『한국전쟁』정병준 저 | 돌베게

『리지웨이의 한국전쟁』매슈 B 리지웨이 저 / 박권영 번역 | 플래닛미디어

『20세기 인물 100과 사전』정윤수 저 | 숨비소리

『독립운동열전』임경석 저 | 푸른역사

『제2차세계대전』게르하르트 L.와인버그 저 / 박수민 역 | 고유서가

『제2차세계대전사』류한수, 존 키건 저 |청어람미디어

『남한산성』김훈 저 | 학고재

『병자호란』한명기 저 | 푸른역사

『이순신의 바다』황현필 저 | 역바연

『임진왜란 동아시아 삼국전쟁』정두희 편 | 휴머니스트

『스파르타쿠스 전쟁』배리 스트라우스 저 / 최파일 역 | 글항아리

『삼국지』나관중 저 / 모종강 편 / 송도진 역 | 글항아리

『난세의 리더 조조』친타오 저 / 양성희 역 | 더봄

『중국의 역사』가와카쓰 요시오 저 / 임대희 역 | 혜안

『사람을 품는 능굴능신의 귀재 유비』자오위핑 저 / 박찬철 역 | 위즈덤하우스

『헤로도토스 역사』헤로도토스 저 / 박현태 역 | 동서문화사

『독소전쟁사』데이비드 M. 글랜츠, 조너선 M. 하우스 저 / 권도승, 남창우, 윤시원 역 / 열린책들

『The A to Z of the Vietnam War』Edwin E. Moïse

『Cleopatra』| Grant, Michael

『Alexander the Great and Bactria』| Frank Lee Holt

『Conscience and Power』| Stephen A. Garrett

『A History of the Holocaust》』| Bauer, Yehuda

『Leicester and the Court: Essays in Elizabethan Politics』|Adams, Simon

『The Politics of War』| Karp, Walter

『How the Maya Built Their World』|Elliot M. Abrams

『Alexander the Great: A New History』|Wiley-Blackwell

『Disqualified: Eddie Hart, Munich 1972, and the Voices of the Most Tragic Olympics』| art, Eddie / Newhouse, Dave / West, Cornel

『The Idi Amin I knew』|Brian Barron interviewing Idi Amin

『Robert the Bruce's Rivals: The Comyns』|Young, Alan

『Alcohol and Temperance in Modern History』| Jack S. Blocker

『Thermopylae: The Battle for the West』|Bradford, Ernle

『The Hot Gates』|William Golding

영화가 말해주는 과거의 이야기
시네마를 통한 역사 여행

초판 1쇄 발행　2024년 4월 2일

지은이　　심규훈
펴낸곳　　상상력집단

출판등록　　신고번호 제 2023-000049 호
주소　　경기도 수원시 영통구 영통로 237 에이스하이엔드타워 819호
전화　　1644-2018
이메일　　ss2443515@naver.com
인스타그램　ssr_creative

ⓒ 상상력집단 2024

ISBN　979-11-978400-3-6 03900

- 파본은 본사나 구입하신 서점에서 교환해 드립니다.
- 이 책의 판권은 지은이와 상상력집단에 있습니다.
  내용의 전부 또는 일부를 재사용하려면 반드시 양측의 서면 동의를 받아야 합니다.
- 책 값은 뒤표지에 있습니다.